2024
中国农业农村
统计摘要

中华人民共和国农业农村部　编

中国农业出版社
北　京

图书在版编目（CIP）数据

2024中国农业农村统计摘要 / 中华人民共和国农业农村部编. -- 北京 ：中国农业出版社，2024. 12.
ISBN 978-7-109-32832-7

Ⅰ. F32-66

中国国家版本馆CIP数据核字第202513EA54号

中国农业出版社出版
地址：北京市朝阳区麦子店街18号楼
邮编：100125
责任编辑：张　丽
责任校对：吴丽婷
印刷：北京中兴印刷有限公司
版次：2024年12月第1版
印次：2024年12月北京第1次印刷
发行：新华书店北京发行所
开本：700mm×1000mm　1/16
印张：11
字数：185千字
定价：68.00元

《2024 中国农业农村统计摘要》
编委及编辑人员名单

编者说明

1. 本《摘要》收录了我国种植业、畜牧业、渔业生产情况及主要品种成本收益、农产品进出口、消费、价格及与国际比较情况，农业机械化、农垦、新型农业经营主体、乡村产业发展，农村环境、教育、能源，农村居民人均收入和支出、脱贫人口就业等“三农”领域主要数据。

2. 数据主要来源于国家统计局、国家发展和改革委员会、民政部、自然资源部、海关总署等部门和联合国粮食及农业组织（FAO）发布的涉农重要数据，也收录了农业农村部政策与改革司、畜牧兽医局、渔业渔政管理局、乡村产业发展司、乡村建设促进司、农村合作经济指导司、帮扶司、国际合作司、科学技术司、农垦局、农业机械化管理司、农业贸易促进中心等单位提供的行业统计数据以及市场与信息化司监测的农产品市场价格和《中国农业展望报告》的数据。

3. “#”表示其中项；“·”表示数值较小，统计上不显著。

4. 不含香港特别行政区、澳门特别行政区和台湾省数据。

5. 根据数据发布情况，本《摘要》已更新至最新年度数据。

6. 1 亩约等于 666.7 平方米，1 斤等于 0.5 千克。

7. 由于四舍五入，部分指标的分项合计与总计可能略有不同。

目　　录

农　　业

农　　村

农　民

农　　业

农业综合

第一产业、农林牧渔业增加值在国民经济中所占比重

年份	国内生产总值（亿元）	第一产业#	所占比重（%）	农林牧渔业#	所占比重（%）	农业及相关产业#	所占比重（%）
1978	3 678.7	1 018.5	27.7	1 027.5	27.9		
1980	4 587.6	1 359.5	29.6	1 371.6	29.9		
1985	9 098.9	2 541.7	27.9	2 564.3	28.2		
1990	18 872.9	5 017.2	26.6	5 061.8	26.8		
1991	22 005.6	5 288.8	24.0	5 341.9	24.3		
1992	27 194.5	5 800.3	21.3	5 866.2	21.6		
1993	35 673.2	6 887.6	19.3	6 963.3	19.5		
1994	48 637.5	9 471.8	19.5	9 572.1	19.7		
1995	61 339.9	12 020.5	19.6	12 135.1	19.8		
1996	71 813.6	13 878.3	19.3	14 014.7	19.5		
1997	79 715.0	14 265.2	17.9	14 440.8	18.1		
1998	85 195.5	14 618.7	17.2	14 816.4	17.4		
1999	90 564.4	14 549.0	16.1	14 768.7	16.3		
2000	100 280.1	14 717.4	14.7	14 943.6	14.9		
2001	110 863.1	15 502.5	14.0	15 780.0	14.2		
2002	121 717.4	16 190.2	13.3	16 535.7	13.6		
2003	137 422.0	16 970.2	12.3	17 380.6	12.6		
2004	161 840.2	20 904.3	12.9	21 410.7	13.2		
2005	187 318.9	21 806.7	11.6	22 416.2	12.0		
2006	219 438.5	23 317.0	10.6	24 036.4	11.0		
2007	270 092.3	27 674.1	10.2	28 483.7	10.5		
2008	319 244.6	32 464.1	10.2	33 428.1	10.5		
2009	348 517.7	33 583.8	9.6	34 659.7	9.9		
2010	412 119.3	38 430.8	9.3	39 619.0	9.6		
2011	487 940.2	44 781.4	9.2	46 122.6	9.5		
2012	538 580.0	49 084.5	9.1	50 581.2	9.4		
2013	592 963.2	53 028.1	8.9	54 692.4	9.2		
2014	643 563.1	55 626.3	8.6	57 472.2	9.0		
2015	688 858.2	57 774.6	8.4	59 852.6	8.7		
2016	746 395.1	60 139.2	8.1	62 451.0	8.4		
2017	832 035.9	62 099.5	7.5	64 660.0	7.9		
2018	919 281.1	64 745.2	7.0	67 558.7	7.5		
2019	986 515.2	70 473.6	7.1	73 576.9	7.5		
2020	1 013 567.0	78 030.9	7.7	81 396.5	8.0	166 900	16.47
2021	1 149 237.0	83 216.5	7.2	86 994.8	7.6	184 419	16.05
2022	1 204 724.0	88 207.0	7.3	92 576.8	7.7	195 692	16.24
2023	1 294 272.0	89 169.0	6.9	94 462.6	7.5		

注：1. 产值按当年价格计算。

2. 为全面准确反映农业生产、加工、物流、营销、服务等全产业链实现的价值，国家统计局根据《农业及相关产业统计分类（2020）》，自2020年起核算全国农业及相关产业增加值。

3. 2023年国内生产总值和第一产业增加值为2024年12月27日国家统计局发布的，根据第五次全国经济普查结果修订的最新数据。

第一产业就业人员及在总就业人员中所占比重

年份	总就业人员（万人）		
		第一产业#	所占比重（%）
1978	40 152	28 318	70.5
1980	42 361	29 122	68.7
1985	49 873	31 130	62.4
1990	64 749	38 914	60.1
1991	65 491	39 098	59.7
1992	66 152	38 699	58.5
1993	66 808	37 680	56.4
1994	67 455	36 628	54.3
1995	68 065	35 530	52.2
1996	68 950	34 820	50.5
1997	69 820	34 840	49.9
1998	70 637	35 177	49.8
1999	71 394	35 768	50.1
2000	72 085	36 043	50.0
2001	72 797	36 399	50.0
2002	73 280	36 640	50.0
2003	73 736	36 204	49.1
2004	74 264	34 830	46.9
2005	74 647	33 442	44.8
2006	74 978	31 941	42.6
2007	75 321	30 731	40.8
2008	75 564	29 923	39.6
2009	75 828	28 890	38.1
2010	76 105	27 931	36.7
2011	76 196	26 472	34.7
2012	76 704	25 535	33.5
2013	76 254	23 838	31.3
2014	76 301	22 372	29.3
2015	76 320	21 418	28.0
2016	76 245	20 908	27.4
2017	76 058	20 295	26.7
2018	75 782	19 515	25.7
2019	75 447	18 652	24.7
2020	75 064	17 715	23.6
2021	74 652	17 072	22.9
2022	73 351	17 663	24.1
2023	74 041	16 882	22.8

注：1. 全国就业人员1990年及以后数据根据劳动力调查、人口普查推算。

2. 国家统计局根据2020年第七次全国人口普查结果，对2011—2020年就业人口数据进行了调整。

农林牧渔业总产值及主要构成

年份	农林牧渔业总产值（亿元）	农业#	林业#	牧业#	渔业#
1978	1 397.0	1 117.5	48.1	209.3	22.1
1980	1 922.6	1 454.1	81.4	354.2	32.9
1985	3 619.5	2 506.4	188.7	798.3	126.1
1990	7 662.1	4 954.3	330.3	1 967.0	410.6
1991	8 157.0	5 146.4	367.9	2 159.2	483.5
1992	9 084.7	5 588.0	422.6	2 460.5	613.5
1993	10 995.5	6 605.1	494.0	3 014.4	882.0
1994	15 750.5	9 169.2	611.1	4 672.0	1 298.2
1995	20 340.9	11 884.6	709.9	6 045.0	1 701.3
1996	22 353.7	13 539.8	778.0	6 015.5	2 020.4
1997	23 788.4	13 852.5	817.8	6 835.4	2 282.7
1998	24 541.9	14 241.9	851.3	7 025.8	2 422.9
1999	24 519.1	14 106.2	886.3	6 997.6	2 529.0
2000	24 915.8	13 873.6	936.5	7 393.1	2 712.6
2001	26 179.6	14 462.8	938.8	7 963.1	2 815.0
2002	27 390.8	14 931.5	1 033.5	8 454.6	2 971.1
2003	29 691.8	14 870.1	1 239.9	9 538.8	3 137.6
2004	36 239.0	18 138.4	1 327.1	12 173.8	3 605.6
2005	39 450.9	19 613.4	1 425.5	13 310.8	4 016.1
2006	40 810.8	21 522.3	1 610.8	12 083.9	3 970.5
2007	48 651.8	24 444.7	1 889.9	16 068.6	4 427.9
2008	57 420.8	27 679.9	2 180.3	20 354.2	5 137.5
2009	59 311.3	29 983.8	2 324.4	19 184.6	5 514.7
2010	67 763.1	35 909.1	2 575.0	20 461.1	6 263.4
2011	78 837.0	40 339.6	3 092.4	25 194.2	7 337.4
2012	86 342.2	44 845.7	3 407.0	26 491.2	8 403.9
2013	93 173.7	48 943.9	3 847.4	27 572.4	9 254.5
2014	97 822.5	51 851.1	4 190.0	27 963.4	9 877.5
2015	101 893.5	54 205.3	4 358.5	28 649.3	10 339.1
2016	106 478.7	55 659.9	4 635.9	30 461.2	10 892.9
2017	109 331.7	58 059.8	4 980.6	29 361.2	11 577.1
2018	113 579.5	61 452.6	5 432.6	28 697.4	12 131.5
2019	123 967.9	66 066.5	5 775.7	33 064.3	12 572.4
2020	137 782.2	71 748.2	5 961.6	40 266.7	12 775.9
2021	147 013.4	78 339.5	6 507.7	39 910.8	14 507.3
2022	156 065.9	84 438.6	6 820.8	40 652.4	15 468.0
2023	158 507.2	87 073.4	7 006.1	38 964.6	16 116.2

注：1. 产值按当年价格计算。

2. 自2003年起，总产值包括农业、林业、牧业、渔业和农林牧渔专业辅助性活动产值，下同。

3. 自2009年起，按照新的《统计用产品分类目录》对数据进行了调整，下同。

农林牧渔业总产值及主要构成（续表）

年份	农林牧渔业总产值（%）	农业#	林业#	牧业#	渔业#
1978	100.0	80.0	3.4	15.0	1.6
1980	100.0	75.6	4.2	18.4	1.7
1985	100.0	69.2	5.2	22.1	3.5
1990	100.0	64.7	4.3	25.7	5.4
1991	100.0	63.1	4.5	26.5	5.9
1992	100.0	61.5	4.7	27.1	6.8
1993	100.0	60.1	4.5	27.4	8.0
1994	100.0	58.2	3.9	29.7	8.2
1995	100.0	58.4	3.5	29.7	8.4
1996	100.0	60.6	3.5	26.9	9.0
1997	100.0	58.2	3.4	28.7	9.6
1998	100.0	58.0	3.5	28.6	9.9
1999	100.0	57.5	3.6	28.5	10.3
2000	100.0	55.7	3.8	29.7	10.9
2001	100.0	55.2	3.6	30.4	10.8
2002	100.0	54.5	3.8	30.9	10.8
2003	100.0	50.1	4.2	32.1	10.6
2004	100.0	50.1	3.7	33.6	9.9
2005	100.0	49.7	3.6	33.7	10.2
2006	100.0	52.7	3.9	29.6	9.7
2007	100.0	50.2	3.9	33.0	9.1
2008	100.0	48.2	3.8	35.4	8.9
2009	100.0	50.6	3.9	32.3	9.3
2010	100.0	53.0	3.8	30.2	9.2
2011	100.0	51.2	3.9	32.0	9.3
2012	100.0	51.9	3.9	30.7	9.7
2013	100.0	52.5	4.1	29.6	9.9
2014	100.0	53.0	4.3	28.6	10.1
2015	100.0	53.2	4.3	28.1	10.1
2016	100.0	52.3	4.4	28.6	10.2
2017	100.0	53.1	4.6	26.9	10.6
2018	100.0	54.1	4.8	25.3	10.7
2019	100.0	53.3	4.7	26.7	10.1
2020	100.0	52.1	4.3	29.2	9.3
2021	100.0	53.3	4.4	27.1	9.9
2022	100.0	54.1	4.4	26.0	9.9
2023	100.0	54.9	4.4	24.6	10.2

分地区农林牧渔业总产值及主要构成 2023

地　区	农林牧渔业总产值（亿元）	农业#	林业#	牧业#	渔业#
北　京	252.6	135.6	65.9	42.0	4.0
天　津	511.3	269.4	6.0	145.5	71.9
河　北	7 770.9	4 081.0	259.1	2 395.0	351.2
山　西	2 291.7	1 332.7	177.4	642.8	9.6
内蒙古	4 447.3	2 288.0	116.9	1 898.7	32.2
辽　宁	5 266.8	2 284.5	144.6	1 691.5	957.0
吉　林	3 128.0	1 494.5	70.1	1 402.2	65.4
黑龙江	6 492.5	4 200.4	208.0	1 722.9	155.1
上　海	269.6	145.2	7.2	47.0	52.7
江　苏	8 935.5	4 844.1	188.4	1 230.1	1 903.2
浙　江	3 978.0	1 871.9	198.3	393.2	1 375.3
安　徽	6 247.9	2 906.3	479.9	1 746.3	689.5
福　建	5 729.2	2 193.5	454.8	1 083.4	1 789.6
江　西	4 198.9	2 003.4	399.8	978.3	554.1
山　东	12 531.9	6 462.4	244.5	2 973.7	1 807.6
河　南	10 304.6	6 471.2	162.2	2 596.0	141.5
湖　北	9 106.9	4 428.8	356.3	1 934.3	1 602.0
湖　南	8 199.4	4 141.5	513.7	2 232.1	635.0
广　东	9 202.1	4 431.0	562.7	1 696.8	2 005.3
广　西	7 229.3	4 253.5	543.7	1 505.3	583.0
海　南	2 410.3	1 319.7	111.4	334.2	523.0
重　庆	3 154.3	1 978.0	188.1	766.6	142.9
四　川	9 977.8	5 821.7	481.8	3 035.6	359.1
贵　州	4 953.6	3 360.3	358.5	907.9	81.2
云　南	6 834.5	4 041.8	485.2	1 969.3	125.4
西　藏	320.1	132.6	9.5	170.0	0.3
陕　西	4 724.9	3 468.1	96.4	864.4	36.7
甘　肃	2 927.7	2 001.6	37.3	700.1	1.8
青　海	575.6	259.3	12.6	290.9	4.3
宁　夏	885.7	459.5	10.6	358.0	22.8
新　疆	5 648.3	3 991.4	55.6	1 210.6	33.6

分地区农林牧渔业总产值及主要构成 2023（续表）

地 区	农林牧渔业总产值（%）	农业#	林业#	牧业#	渔业#
北 京	100.0	53.7	26.1	16.6	1.6
天 津	100.0	52.7	1.2	28.5	14.1
河 北	100.0	52.5	3.3	30.8	4.5
山 西	100.0	58.2	7.7	28.0	0.4
内蒙古	100.0	51.4	2.6	42.7	0.7
辽 宁	100.0	43.4	2.7	32.1	18.2
吉 林	100.0	47.8	2.2	44.8	2.1
黑龙江	100.0	64.7	3.2	26.5	2.4
上 海	100.0	53.9	2.7	17.4	19.6
江 苏	100.0	54.2	2.1	13.8	21.3
浙 江	100.0	47.1	5.0	9.9	34.6
安 徽	100.0	46.5	7.7	28.0	11.0
福 建	100.0	38.3	7.9	18.9	31.2
江 西	100.0	47.7	9.5	23.3	13.2
山 东	100.0	51.6	2.0	23.7	14.4
河 南	100.0	62.8	1.6	25.2	1.4
湖 北	100.0	48.6	3.9	21.2	17.6
湖 南	100.0	50.5	6.3	27.2	7.7
广 东	100.0	48.2	6.1	18.4	21.8
广 西	100.0	58.8	7.5	20.8	8.1
海 南	100.0	54.8	4.6	13.9	21.7
重 庆	100.0	62.7	6.0	24.3	4.5
四 川	100.0	58.3	4.8	30.4	3.6
贵 州	100.0	67.8	7.2	18.3	1.6
云 南	100.0	59.1	7.1	28.8	1.8
西 藏	100.0	41.4	3.0	53.1	0.1
陕 西	100.0	73.4	2.0	18.3	0.8
甘 肃	100.0	68.4	1.3	23.9	0.1
青 海	100.0	45.1	2.2	50.5	0.7
宁 夏	100.0	51.9	1.2	40.4	2.6
新 疆	100.0	70.7	1.0	21.4	0.6

主要农用地面积及人均耕地面积

年份	耕地面积（万亩）	园地面积（万亩）	草地面积（万亩）	人均耕地面积（亩）
2009	203 077	22 218	329 581	1.53
2010	202 902	22 055	329 508	1.52
2011	202 858	21 905	329 422	1.51
2012	202 738	21 800	329 348	1.50
2013	202 745	21 682	329 271	1.49
2014	202 586	21 567	329 199	1.48
2015	202 498	21 485	329 131	1.47
2016	202 381	21 399	329 039	1.46
2017	202 322	21 321	328 980	1.46
2019	191 793	30 257	396 795	1.36
2020	191 155			1.35
2021	191 275			1.35
2022	191 370	30 167	396 428	1.36
2023	192 913	29 416	394 824	1.37

注：1. 2009 年为第二次全国土地调查数据，2019 年为第三次全国国土调查数据，其余年份为根据当年国土变更调查结果推算数据。2018 年因开展第三次全国国土调查，相关数据未发布。下同。

2. 2019 年第三次国土调查的统计口径有所调整，原“牧草地”指标更改为“草地”。“草地”具体包括天然牧草地、人工牧草地和其他草地。

3. 人均耕地面积由耕地面积和人口数据计算得来，其中人口数据采用年初和年末人口的平均数。

分地区耕地面积

单位：万亩

地　区	2019	2020	2021	2022	2023
全　国	191 792.9	191 155.1	191 275.3	191 369.8	192 913.2
北　京	140.3	140.4	180.0	187.2	196.0
天　津	494.3	492.7	495.5	498.6	505.1
河　北	9 051.3	9 017.0	8 953.1	9 016.8	9 132.6
山　西	5 804.3	5 792.5	5 794.8	5 805.7	5 840.3
内蒙古	17 244.7	17 246.5	17 339.4	17 341.7	17 426.1
辽　宁	7 773.2	7 739.1	7 730.4	7 735.1	7 743.2
吉　林	11 247.8	11 200.1	11 174.7	11 166.4	11 178.8
黑龙江	25 793.1	25 770.3	25 748.7	25 696.9	25 751.5
上　海	243.0	240.8	239.5	242.4	241.4
江　苏	6 134.5	6 113.8	6 128.8	6 136.8	6 209.4
浙　江	1 935.7	1 921.6	1 942.3	1 957.1	1 981.2
安　徽	8 320.4	8 280.4	8 312.7	8 326.3	8 345.2
福　建	1 398.0	1 389.9	1 380.5	1 381.3	1 389.4
江　西	4 082.4	4 067.7	4 066.8	4 069.1	4 077.5
山　东	9 692.8	9 614.4	9 622.4	9 684.6	9 808.9
河　南	11 271.1	11 232.2	11 279.0	11 302.4	11 369.4
湖　北	7 152.9	7 131.1	7 112.0	7 047.0	7 128.0
湖　南	5 443.8	5 431.8	5 439.2	5 481.3	5 499.9
广　东	2 852.9	2 848.1	2 849.6	2 859.5	2 872.0
广　西	4 961.5	4 928.9	4 890.3	4 919.6	4 930.1
海　南	730.4	730.4	731.3	726.4	742.2
重　庆	2 805.3	2 799.4	2 780.7	2 775.5	2 804.4
四　川	7 840.8	7 772.8	7 793.0	7 814.8	7 878.9
贵　州	5 208.9	5 122.6	5 090.0	5 049.2	5 122.8
云　南	8 093.3	8 066.9	8 075.2	7 930.1	8 226.7
西　藏	663.1	661.5	673.0	661.7	667.9
陕　西	4 401.5	4 396.0	4 444.0	4 484.0	4 560.8
甘　肃	7 814.2	7 799.2	7 808.3	7 792.8	7 830.5
青　海	846.3	847.6	848.4	846.6	855.0
宁　夏	1 793.2	1 797.5	1 797.8	1 801.4	1 811.0
新　疆	10 557.9	10 561.8	10 553.9	10 631.7	10 787.0

耕地灌溉面积和化肥施用量

年份	耕地灌溉面积（万亩）	化肥施用量（万吨）	氮肥#	磷肥#	钾肥#	复合肥#
1978	67 447.5	884.0				
1980	67 332.1	1 269.4	934.2	273.3	34.6	27.2
1985	66 053.9	1 775.8	1 204.9	310.9	80.4	179.6
1990	71 104.7	2 590.3	1 638.4	462.4	147.9	341.6
1991	71 733.2	2 805.1	1 726.1	499.6	173.9	405.5
1992	72 885.2	2 930.2	1 756.1	515.7	196.0	462.4
1993	73 091.9	3 151.9	1 835.1	575.1	212.3	529.4
1994	73 138.7	3 317.9	1 882.0	600.7	234.8	600.6
1995	73 921.8	3 593.7	2 021.9	632.4	268.5	670.8
1996	75 572.1	3 827.9	2 145.3	658.4	289.6	734.7
1997	76 857.8	3 980.7	2 171.7	689.1	322.0	798.1
1998	78 443.4	4 083.7	2 233.3	682.5	345.7	822.0
1999	79 737.6	4 124.3	2 180.9	697.8	365.6	880.0
2000	80 730.5	4 146.4	2 161.5	690.5	376.5	917.9
2001	81 374.1	4 253.8	2 164.1	705.7	399.6	983.7
2002	81 532.3	4 339.4	2 157.3	712.2	422.4	1 040.4
2003	81 021.3	4 411.6	2 149.9	713.9	438.0	1 109.8
2004	81 717.6	4 636.6	2 221.9	736.0	467.3	1 204.0
2005	82 544.0	4 766.2	2 229.3	743.8	489.5	1 303.2
2006	83 625.7	4 927.7	2 262.5	769.5	509.7	1 385.9
2007	84 777.5	5 107.8	2 297.2	773.0	533.6	1 503.0
2008	87 707.5	5 239.0	2 302.9	780.1	545.2	1 608.6
2009	88 892.2	5 404.4	2 329.9	797.7	564.3	1 698.7
2010	90 521.5	5 561.7	2 353.7	805.6	586.4	1 798.5
2011	92 522.3	5 704.2	2 381.4	819.2	605.1	1 895.1
2012	93 735.8	5 838.8	2 399.9	828.6	617.7	1 990.0
2013	95 210.0	5 911.9	2 394.2	830.6	627.4	2 057.5
2014	96 809.3	5 995.9	2 392.9	845.3	641.9	2 115.8
2015	98 809.0	6 022.6	2 361.6	843.1	642.3	2 175.7
2016	100 710.9	5 984.1	2 310.5	830.0	636.9	2 207.1
2017	101 723.4	5 859.4	2 221.8	797.6	619.7	2 220.3
2018	102 407.5	5 653.4	2 065.4	728.9	590.3	2 268.8
2019	103 017.9	5 403.6	1 930.2	681.6	561.1	2 230.7
2020	103 740.8	5 250.7	1 833.9	653.8	541.9	2 221.0
2021	104 414.2	5 191.3	1 745.3	627.1	524.8	2 294.0
2022	105 538.3	5 079.2	1 654.2	563.2	493.2	2 368.7
2023	107 466.0	5 021.7	1 603.3	536.3	481.1	2 401.0

注：化肥施用量为折纯量。

分地区化肥施用量 2023

地 区	化肥施用量（万吨）	氮肥#	磷肥#	钾肥#	复合肥#
北 京	6.7	1.9	0.3	0.3	4.2
天 津	15.4	4.5	1.5	1.0	8.4
河 北	266.4	87.7	19.4	18.5	140.7
山 西	103.2	17.7	7.8	7.1	70.6
内蒙古	220.8	70.6	15.0	15.3	119.9
辽 宁	129.5	39.8	7.8	9.9	72.0
吉 林	222.5	37.8	4.8	11.6	168.3
黑龙江	238.6	76.4	47.3	32.7	82.2
上 海	6.4	2.4	0.3	0.1	3.6
江 苏	267.0	124.6	23.0	14.2	105.2
浙 江	65.8	20.5	3.2	4.6	37.5
安 徽	278.0	65.7	10.2	13.5	188.6
福 建	89.2	31.3	12.2	17.3	28.3
江 西	107.1	27.4	13.4	14.7	51.6
山 东	354.8	94.7	29.6	27.2	203.3
河 南	584.0	152.4	68.5	46.3	316.8
湖 北	254.4	84.4	32.9	21.9	115.2
湖 南	213.3	62.9	15.6	29.4	105.4
广 东	206.8	77.2	24.8	39.9	64.8
广 西	247.6	64.4	26.6	49.1	107.4
海 南	37.5	9.7	2.4	6.8	18.5
重 庆	88.4	41.8	15.2	5.1	26.3
四 川	202.2	74.5	31.4	14.0	82.3
贵 州	74.7	30.0	8.1	6.7	29.9
云 南	179.3	80.7	23.6	20.4	54.7
西 藏	2.8	0.8	0.5	0.1	1.4
陕 西	193.7	71.8	16.2	19.3	86.3
甘 肃	76.6	29.8	13.9	7.4	25.4
青 海	4.5	1.8	0.4	0.1	2.2
宁 夏	36.7	13.5	3.8	2.8	16.6
新 疆	247.7	104.4	56.3	23.7	63.3

农村水电站和农村用电量

年份	农村水电站		农村用电量（亿千瓦时）
	个数（个）	装机容量（万千瓦）	
1978	82 387	228.4	253.1
1980	80 319	304.1	320.8
1985	55 754	380.2	508.9
1990	52 387	428.8	844.5
1991	49 644	456.9	963.2
1992	48 082	478.7	1 107.1
1993	45 153	481.9	1 244.9
1994	48 722	503.6	1 473.9
1995	40 699	519.5	1 655.7
1996	37 743	533.7	1 812.7
1997	36 117	562.5	1 980.1
1998	33 185	634.8	2 042.2
1999	31 678	664.1	2 173.4
2000	29 962	698.5	2 421.3
2001	29 183	896.6	2 610.8
2002	27 633	812.2	2 993.4
2003	26 696	862.3	3 432.9
2004	27 115	993.8	3 933.0
2005	26 726	1 099.2	4 375.7
2006	27 493	1 243.0	4 895.8
2007	27 664	1 366.6	5 509.9
2008	44 433	5 127.4	5 713.2
2009	44 804	5 512.1	6 104.4
2010	44 815	5 924.0	6 632.3
2011	45 151	6 212.3	7 139.6
2012	45 799	6 568.6	8 104.9
2013	46 849	7 118.6	8 549.5
2014	47 073	7 322.1	8 884.4
2015	47 340	7 583.0	9 026.9
2016	47 529	7 791.1	9 238.3
2017	47 498	7 927.0	9 524.4
2018	46 515	8 043.5	9 358.5
2019	45 445	8 144.2	9 482.9
2020	43 957	8 133.8	6 211.0
2021	42 785	8 290.3	6 736.3
2022	41 544	8 063.3	7 765.6
2023	41 114	8 157.0	7 991.9

注：1. 农村水电是指装机容量5万千瓦及以下电站和配套电网。

2. 自2020年起，农村用电量口径调整为农林牧渔业用电量+乡村居民生活用电量，数据来源于中国电力企业联合会。

农业机械化

年份	农业机械总动力（万千瓦）	80马力及以上拖拉机			联合收割机（万台）	插秧机（万台）
		数量（万台）	动力（万千瓦）	配套农具（万部）		
1978	11 749.9	56	1 755.0	119	2	
1980	14 745.7	74	2 369.3	137	3	
1985	20 912.5	85	2 743.6	113	3	
1990	28 707.7	81	2 745.5	97	4	
1991	29 388.6	78	2 682.4	99	4	
1992	30 308.4	76	2 630.2	104	5	
1993	31 816.6	72	2 532.5	100	6	
1994	33 802.5	69	2 463.4	98	6	
1995	36 118.1	67	2 404.1	99	8	2.5
1996	38 546.9	67	2 415.1	105	10	2.4
1997	42 015.6	69	2 486.6	116	14	3.0
1998	45 207.7	73	2 587.9	120	18	3.9
1999	48 996.1	78	2 772.8	132	23	4.4
2000	52 573.6	97	3 161.1	140	26	4.5
2001	55 172.1	83	2 901.7	147	28	4.7
2002	57 929.9	91	3 073.4	158	31	5.3
2003	60 386.5	98	3 229.8	170	37	6.0
2004	64 027.9	112	3 713.1	189	41	6.7
2005	68 397.8	140	4 293.5	226	48	8.0
2006	72 522.1	172	5 245.3	262	57	11.2
2007	76 589.6	206	6 101.1	308	63	15.6
2008	82 190.4	300	8 186.5	435	74	20.0
2009	87 496.1	352	9 772.6	542	86	26.1
2010	92 780.5	392	11 167.0	613	99	33.3
2011	97 734.7	441	12 850.2	699	111	42.7
2012	102 559.0	485	14 436.4	764	128	51.3
2013	103 906.8	527	15 957.6	827	142	60.5
2014	108 056.6	568	17 529.3	890	158	67.0
2015	111 728.1	607	19 202.2	962	174	72.6
2016	97 245.6	645	21 057.6	1 028	190	77.1
2017	98 783.3	670	22 398.9	1 070	199	82.2
2018	100 371.7	113	8 617.0	423	206	86.7
2019	102 758.3	127	9 877.6	437	213	91.8
2020	105 622.1	144	11 384.7	459	220	96.6
2021	107 764.3	154	12 392.1	480	224	96.3
2022	110 597.2	169	13 782.4	526	237	98.8
2023	113 742.6	183	15 202.0	551	243	102.4

注：1. 自2016年起，农业机械总动力不包含农用运输车动力数。

2. 2018年《全国农业机械化管理统计调查制度》进行了修订，将拖拉机大中小型划分与《拖拉机功率分类及型谱》(JB/T 11320—2013) 衔接，80马力及以上拖拉机配套农具单独统计。本表拖拉机有关指标中，1978—2017年数据为原“大中型拖拉机”数据，2018年及以后采用“80马力及以上拖拉机”数据。

农业机械化（续表）

单位：%

年份	农作物耕种收综合机械化率	机耕率#	机播率#	机收率#
2012	57.2	74.1	47.4	44.4
2013	59.5	76.0	48.8	48.2
2014	61.6	77.5	50.8	51.3
2015	63.8	80.4	52.1	53.4
2016	65.2	81.4	52.8	56.0
2017	67.2	83.0	55.0	58.5
2018	69.1	84.0	56.9	61.4
2019	70.0	85.2	57.3	62.5
2020	71.3	85.5	59.0	64.6
2021	72.0	86.4	60.2	64.7
2022	73.1	86.4	61.9	66.6
2023	74.3	86.9	63.7	68.0

耕地占用税、烟叶税

单位：亿元

年份	全国一般公共预算收入	耕地占用税#	烟叶税#
1978	1 132.3		
1980	1 159.9		
1985	2 004.8		
1990	2 937.1	14.6	
1991	3 149.5	17.9	
1992	3 483.4	29.2	
1993	4 349.0	29.4	
1994	5 218.1	36.5	
1995	6 242.2	34.5	
1996	7 408.0	31.2	
1997	8 651.1	32.5	
1998	9 876.0	33.4	
1999	11 444.1	33.0	
2000	13 395.2	35.3	
2001	16 386.0	38.3	
2002	18 903.6	57.3	
2003	21 715.3	39.9	
2004	26 396.5	120.1	
2005	31 649.3	141.9	
2006	38 760.2	171.1	41.6
2007	51 321.8	185.0	47.8
2008	61 330.4	314.4	67.5
2009	68 518.3	633.1	80.8
2010	83 101.5	888.6	78.4
2011	103 874.4	1 075.5	91.4
2012	117 253.5	1 620.7	131.8
2013	129 209.6	1 808.2	150.3
2014	140 370.0	2 059.1	141.1
2015	152 269.2	2 097.2	142.8
2016	159 605.0	2 028.9	130.5
2017	172 592.8	1 651.9	115.7
2018	183 359.8	1 318.9	111.4
2019	190 390.1	1 389.8	111.0
2020	182 913.9	1 257.6	108.7
2021	202 554.6	1 065.4	119.4
2022	203 649.3	1 256.8	133.1
2023	216 975.4	1 126.5	151.4

国家财政用于农林水各项支出

单位：亿元

年份	全国一般公共预算支出		
		农林水支出#	比重（%）
1978	1 122.1		
1980	1 228.8		
1985	2 004.3		
1990	3 083.6		
1991	3 386.6		
1992	3 742.2		
1993	4 642.3		
1994	5 792.6		
1995	6 823.7		
1996	7 937.6		
1997	9 233.6		
1998	10 798.2		
1999	13 187.7		
2000	15 886.5		
2001	18 902.6		
2002	22 053.2		
2003	24 650.0		
2004	28 486.9		
2005	33 930.3		
2006	40 422.7		
2007	49 781.4	3 404.7	6.8
2008	62 592.7	4 544.0	7.3
2009	76 299.9	6 720.4	8.8
2010	89 874.2	8 129.6	9.0
2011	109 247.8	9 937.6	9.1
2012	125 953.0	11 973.9	9.5
2013	140 212.1	13 349.6	9.5
2014	151 785.6	14 173.8	9.3
2015	175 877.8	17 380.5	9.9
2016	187 755.2	18 587.4	9.9
2017	203 085.5	19 089.0	9.4
2018	220 904.1	21 085.6	9.5
2019	238 858.4	22 862.8	9.6
2020	245 679.0	23 948.5	9.7
2021	245 673.0	22 034.5	9.0
2022	260 552.1	22 499.8	8.6
2023	274 622.9	23 989.9	8.7

注：各年数据为财政决算数。

国家财政用于农林水各项支出（续表）

单位：亿元

年份	农业农村	林业和草原	水利	巩固拓展脱贫攻坚成果衔接乡村振兴	农村综合改革
1978					
1980					
1985					
1990					
1991					
1992					
1993					
1994					
1995					
1996					
1997					
1998					
1999					
2000					
2001					
2002					
2003					
2004					
2005					
2006					
2007					
2008	2 278.9	424.0	1 122.7	320.4	
2009	3 826.9	532.1	1 519.6	374.8	
2010	3 949.4	667.3	1 856.5	423.5	607.9
2011	4 291.2	876.5	2 602.8	545.3	887.6
2012	5 077.4	1 019.2	3 271.2	690.8	987.3
2013	5 561.6	1 204.3	3 338.9	841.0	1 148.0
2014	5 816.6	1 348.8	3 478.7	949.0	1 265.7
2015	6 436.2	1 613.4	4 807.9	1 227.2	1 418.8
2016	6 458.6	1 696.6	4 433.7	2 285.9	1 508.8
2017	6 194.6	1 724.9	4 424.8	3 249.6	1 486.9
2018	6 156.1	1 931.3	4 523.0	4 863.8	1 530.3
2019	6 554.7	2 007.7	4 584.4	5 561.5	1 644.3
2020	7 514.4	2 035.1	4 543.2	5 621.6	1 822.4
2021	7 363.9	1 771.1	4 371.6	4 310.0	1 719.6
2022	7 983.5	1 788.3	4 402.3	4 431.0	1 719.5
2023	8 167.1	1 813.1	4 697.5	4 572.7	1 842.2

注：自2020年起，原农林水各项支出数据口径进行调整，原农业支出调整为农业农村支出，南水北调支出包含在水利支出中，农业综合开发支出不再单独列示。

种植业

2024年粮食生产情况

指　标	播种面积		总产量		单产	
	面积（万亩）	增幅（%）	产量（亿斤）	增幅（%）	单产（斤/亩）	增幅（%）
全年粮食	**178 978.7**	**0.3**	**14 130.0**	**1.6**	**789.5**	**1.3**
一、分季节						
1. 夏粮	39 919.7	0.0	2 997.8	2.6	751.0	2.5
2. 早稻	7 132.2	0.5	563.5	−0.6	790.1	−1.0
3. 秋粮	131 926.8	0.4	10 568.7	1.4	801.1	1.1
二、分品种						
1. 谷物	150 687.0	0.5	13 045.7	1.7	865.7	1.2
其中：稻谷	43 510.4	0.2	4 150.7	0.5	954.0	0.3
小麦	35 381.1	−0.2	2 802.0	2.6	791.9	2.7
玉米	67 111.1	1.2	5 898.3	2.1	878.9	0.9
2. 豆类	17 733.0	−1.4	472.6	−0.9	266.5	0.5
其中：大豆	15 500.0	−1.4	413.0	−0.9	266.6	0.5
3. 薯类	10 558.7	−0.1	611.7	1.5	579.3	1.6

注：1. 本表数据为2024年12月13日国家统计局发布的最新数据。

2. 我国粮食产量在连续9年稳定在1.3万亿斤以上的基础上，2024年首次迈上1.4万亿斤新台阶。

2024 年分地区粮食生产情况

地 区	播种面积 （万亩）	总产量 （亿斤）	单位面积产量 （斤/亩）
全 国	**178 978.7**	**14 130.0**	**789.5**
北 京	141.3	11.5	815.4
天 津	598.7	54.1	904.1
河 北	9 690.2	781.8	806.7
山 西	4 727.4	293.7	621.3
内蒙古	10 517.7	820.1	779.7
辽 宁	5 366.3	500.1	931.9
吉 林	8 780.7	853.2	971.7
黑龙江	22 131.0	1 600.3	723.1
上 海	195.5	19.7	1 005.7
江 苏	8 213.3	762.0	927.8
浙 江	1 570.5	130.0	828.0
安 徽	11 017.4	836.9	759.6
福 建	1 266.6	102.9	812.2
江 西	5 661.9	439.2	775.7
山 东	12 618.9	1 142.0	905.0
河 南	16 165.7	1 343.9	831.3
湖 北	7 083.9	557.1	786.4
湖 南	7 160.1	615.6	859.8
广 东	3 355.2	262.7	782.9
广 西	4 262.7	280.8	658.6
海 南	409.1	28.5	696.3
重 庆	3 047.9	220.1	722.3
四 川	9 608.9	726.8	756.3
贵 州	4 157.1	229.2	551.4
云 南	6 370.2	398.7	625.9
西 藏	299.1	22.6	755.3
陕 西	4 547.9	270.5	594.7
甘 肃	4 073.9	259.2	636.3
青 海	458.9	23.7	515.5
宁 夏	1 041.3	77.2	741.2
新 疆	4 440.0	466.0	1 049.7

主要农作物播种面积

单位：万亩

指　　标	1978	1980	1990	2000	2015
农作物总播种面积	**225 156.1**	**219 569.3**	**222 543.4**	**234 449.8**	**250 243.9**
一、粮食作物	**180 880.8**	**175 851.4**	**170 198.8**	**162 693.8**	**178 444.2**
其中：夏收粮食	47 826.8	46 500.6	48 064.3	44 382.3	40 697.0
秋收粮食	114 770.2	112 685.6	108 008.0	108 081.9	129 553.4
（一）谷物				127 896.3	154 838.0
1. 稻谷	51 631.3	50 817.7	49 596.7	44 942.6	46 176.1
①早稻	18 283.8	16 665.2	14 126.5	10 229.6	8 193.8
②中稻和一季晚稻		17 400.1	20 711.7	23 359.4	29 142.9
③双季晚稻		16 752.3	14 758.1	11 353.6	8 839.4
2. 小麦	43 773.9	43 266.6	46 129.8	39 979.9	36 850.4
①冬小麦	36 070.9	35 476.3	38 894.4	36 090.8	34 553.4
②春小麦	7 703.0	7 790.3	7 235.5	3 889.1	2 296.9
3. 玉米	29 941.7	30 131.1	32 102.2	34 584.2	67 452.6
4. 其他谷物				8 389.8	4 358.9
其中：谷子	6 406.0	5 808.3	3 417.7	1 875.1	1 263.6
高粱	5 186.5	4 039.2	2 317.3	1 333.9	637.4
大麦					561.8
（二）豆类				18 990.0	12 649.1
其中：大豆	10 715.6	10 839.5	11 339.4	13 959.9	10 241.1
绿豆					642.1
红小豆					184.4
（三）薯类	17 694.4	15 230.2	13 681.1	15 807.4	10 957.2
其中：马铃薯			4 297.8	7 084.8	7 178.4
二、油料	**9 333.5**	**11 892.7**	**16 350.2**	**23 100.5**	**19 971.6**
其中：花生	2 652.2	3 508.6	4 360.6	7 283.3	6 578.3
油菜籽	3 899.5	4 266.1	8 255.2	11 241.3	10 541.5
芝麻	956.5	1 164.2	1 003.4	1 176.5	451.8
葵花籽	479.6	1 267.1	1 069.0	1 843.5	1 629.7
胡麻籽	859.1	1 055.2	1 054.9	746.9	366.2
三、棉花	**7 299.6**	**7 380.4**	**8 382.2**	**6 061.8**	**5 662.5**
四、麻类	**1 126.1**	**999.7**	**742.7**	**392.5**	**80.3**
其中：黄红麻	618.2	471.1	449.8	75.0	16.9
亚麻	79.3	138.9	130.6	144.3	4.1
大麻	239.5	206.1	31.0	19.3	8.7
苎麻	54.3	65.7	121.1	143.3	46.6
五、糖料	**1 319.2**	**1 383.4**	**2 518.7**	**2 271.3**	**2 358.9**
其中：甘蔗	822.8	719.3	1 513.2	1 777.3	2 214.3
甜菜	496.4	664.1	1 005.5	493.9	144.7
六、烟叶	**1 175.9**	**767.9**	**2 388.9**	**2 155.9**	**1 881.6**
其中：烤烟	919.3	595.1	2 013.2	1 903.8	1 795.8
七、蔬菜瓜果	**5 605.0**	**5 409.7**	**10 588.2**	**25 921.5**	**32 711.1**
八、药材	**324.2**	**201.1**	**229.7**	**1 013.5**	**2 791.4**
九、其他农作物	**18 091.8**	**15 683.0**	**11 144.0**	**11 027.3**	**6 342.3**
其中：青饲料	2 762.6	2 678.3	2 793.3	3 212.7	2 450.2

注：1. 自 1991 年起，国家统计局开始公布谷物和豆类数据。

2. 自 2019 年起，大麦包括青稞，下同。

3. 与国家统计局口径保持一致，将谷子、高粱并入其他谷物中统计，历史数据同步调整，下同。

主要农作物播种面积（续表）

单位：万亩

指　　标	2018	2019	2020	2021	2022	2023
农作物总播种面积	**248 853.6**	**248 896.0**	**251 230.5**	**253 042.7**	**254 986.4**	**257 436.8**
一、粮食作物	**175 557.3**	**174 095.4**	**175 152.3**	**176 446.2**	**177 498.2**	**178 452.8**
其中：夏收粮食	40 054.3	39 531.2	39 258.7	39 656.9	39 795.0	39 912.9
秋收粮食	128 316.0	127 889.3	128 767.5	129 689.3	130 570.5	131 440.2
（一）谷物	149 507.2	146 770.5	146 946.3	150 265.0	148 903.2	149 889.6
1. 稻谷	45 284.2	44 540.3	45 113.3	44 881.7	44 175.2	43 423.6
①早稻	7 187.0	6 675.0	7 126.1	7 101.2	7 132.7	7 099.7
②中稻和一季晚稻	30 188.0	30 404.1	30 221.0	30 146.1	29 383.1	28 703.4
③双季晚稻	7 909.2	7 461.2	7 766.2	7 634.6	7 659.6	7 620.5
2. 小麦	36 399.3	35 591.5	35 070.0	35 350.6	35 277.8	35 440.9
①冬小麦	34 110.5	33 561.4	33 235.9	33 613.1	33 512.0	33 813.6
②春小麦	2 288.8	2 030.1	1 834.1	1 737.5	1 765.7	1 627.2
3. 玉米	63 195.1	61 926.1	61 896.4	64 986.4	64 605.2	66 328.4
4. 其他谷物	4 628.6	4 712.7	4 866.6	5 046.3	4 845.2	4 696.7
其中：谷子	1 167.3	1 245.9	1 358.6	1 392.8	1 259.7	1 156.1
高粱	928.1	960.6	952.1	1 069.7	1 011.8	1 022.9
大麦	393.7	765.9	763.5	813.0	840.3	845.3
（二）豆类	15 279.5	16 612.0	17 390.2	15 181.1	17 816.9	17 991.3
其中：大豆	12 619.2	13 997.6	14 823.7	12 623.1	15 365.6	15 710.8
绿豆	727.6	652.8	575.7	493.7	410.4	348.2
红小豆	273.7	238.8	202.1	228.8	234.5	181.7
（三）薯类	10 770.6	10 712.9	10 815.7	11 000.1	10 778.1	10 572.0
其中：马铃薯	7 137.1	7 009.4	6 984.1	6 948.8	6 802.2	6 681.2
二、油料	**19 308.6**	**19 388.1**	**19 693.7**	**19 653.4**	**19 711.1**	**20 883.3**
其中：花生	6 929.5	6 950.2	7 096.3	7 207.9	7 025.7	7 196.8
油菜籽	9 825.9	9 874.6	10 147.1	10 487.4	10 880.3	11 706.8
芝麻	393.4	424.3	438.2	428.1	403.2	420.2
葵花籽	1 382.0	1 373.0	1 309.0	1 055.4	934.8	1 089.9
胡麻籽	347.8	337.2	287.1	268.7	253.5	247.7
三、棉花	**5 031.6**	**5 008.9**	**4 753.4**	**4 542.3**	**4 500.5**	**4 182.2**
四、麻类	**85.0**	**98.9**	**102.9**	**85.0**	**87.3**	**73.8**
其中：黄红麻	8.6	9.2	8.0	6.6	6.5	5.4
亚麻	5.5	7.5	12.3	7.1	7.2	6.6
大麻	27.8	36.6	33.6	26.7	29.4	18.2
苎麻	42.8	42.2	44.1	42.5	43.2	42.3
五、糖料	**2 434.4**	**2 415.7**	**2 352.7**	**2 187.1**	**2 180.3**	**2 122.7**
其中：甘蔗	2 108.8	2 086.1	2 030.1	1 974.1	1 933.8	1 897.7
甜菜	324.2	328.4	319.2	211.7	244.4	223.3
六、烟叶	**1 586.8**	**1 539.8**	**1 520.8**	**1 519.4**	**1 565.4**	**1 626.2**
其中：烤烟	1 504.9	1 457.9	1 450.5	1 453.2	1 500.8	1 564.4
七、蔬菜瓜果	**33 834.2**	**34 543.9**	**35 471.1**	**36 155.4**	**36 845.0**	**37 557.0**
八、药材	**3 588.6**	**4 054.3**	**4 357.7**	**4 621.8**	**4 749.0**	**4 861.4**
九、其他农作物	**7 427.0**	**7 750.8**	**7 826.2**	**7 832.1**	**7 849.8**	**7 677.5**
其中：青饲料	2 956.0	3 172.5	3 298.8	3 862.5	3 945.9	3 980.6

主要农作物播种面积构成

单位：%

指　　标	1978	1980	1990	2000	2015
农作物总播种面积	**100.0**	**100.0**	**100.0**	**100.0**	**100.0**
一、粮食作物	**80.3**	**80.1**	**76.5**	**69.4**	**71.3**
其中：夏收粮食	21.2	21.2	21.6	18.9	16.3
秋收粮食	51.0	51.3	48.5	46.1	51.8
（一）谷物				54.6	61.9
1. 稻谷	22.9	23.1	22.3	19.2	18.5
①早稻	8.1	7.6	6.3	4.4	3.3
②中稻和一季晚稻		7.9	9.3	10.0	11.6
③双季晚稻		7.6	6.6	4.8	3.5
2. 小麦	19.4	19.7	20.7	17.1	14.7
①冬小麦	16.0	16.2	17.5	15.4	13.8
②春小麦	3.4	3.5	3.3	1.7	0.9
3. 玉米	13.3	13.7	14.4	14.8	27.0
4. 其他谷物				3.6	1.7
其中：谷子	2.8	2.6	1.5	0.8	0.5
高粱	2.3	1.8	1.0	0.6	0.3
大麦					0.2
（二）豆类				8.1	5.1
其中：大豆	4.8	4.9	5.1	6.0	4.1
绿豆					0.3
红小豆					0.1
（三）薯类	7.9	6.9	6.1	6.7	4.4
其中：马铃薯			1.9	3.0	2.9
二、油料	**4.1**	**5.4**	**7.3**	**9.9**	**8.0**
其中：花生	1.2	1.6	2.0	3.1	2.6
油菜籽	1.7	1.9	3.7	4.8	4.2
芝麻	0.4	0.5	0.5	0.5	0.2
葵花籽	0.2	0.6	0.5	0.8	0.7
胡麻籽	0.4	0.5	0.5	0.3	0.1
三、棉花	**3.2**	**3.4**	**3.8**	**2.6**	**2.3**
四、麻类	**0.5**	**0.5**	**0.3**	**0.2**	**0.03**
其中：黄红麻	0.3	0.2	0.2	0.032	0.007
亚麻	0.035	0.1	0.1	0.1	0.002
大麻	0.1	0.1	0.014	0.008	0.003
苎麻	0.024	0.030	0.1	0.1	0.019
五、糖料	**0.6**	**0.6**	**1.1**	**1.0**	**0.9**
其中：甘蔗	0.4	0.3	0.7	0.8	0.9
甜菜	0.2	0.3	0.5	0.2	0.1
六、烟叶	**0.5**	**0.3**	**1.1**	**0.9**	**0.8**
其中：烤烟	0.4	0.3	0.9	0.8	0.7
七、蔬菜瓜果	**2.5**	**2.5**	**4.8**	**11.1**	**13.1**
八、药材	**0.1**	**0.1**	**0.1**	**0.4**	**1.1**
九、其他作物	**8.0**	**7.1**	**5.0**	**4.7**	**2.5**
其中：青饲料	1.2	1.2	1.3	1.4	1.0

注：本表数据为各类农作物占农作物总播种面积的百分比。

主要农作物播种面积构成（续表）

单位：%

指　　标	2018	2019	2020	2021	2022	2023
农作物总播种面积	**100.0**	**100.0**	**100.0**	**100.0**	**100.0**	**100.0**
一、粮食作物	**70.5**	**69.9**	**69.7**	**69.7**	**69.6**	**69.3**
其中：夏收粮食	16.1	15.9	15.6	15.7	15.6	15.5
秋收粮食	51.6	51.4	51.3	51.3	51.2	51.1
（一）谷物	60.1	59.0	58.5	59.4	58.4	58.2
1. 稻谷	18.2	17.9	18.0	17.7	17.3	16.9
①早稻	2.9	2.7	2.8	2.8	2.8	2.8
②中稻和一季晚稻	12.1	12.2	12.0	11.9	11.5	11.1
③双季晚稻	3.2	3.0	3.1	3.0	3.0	3.0
2. 小麦	14.6	14.3	14.0	14.0	13.8	13.8
①冬小麦	13.7	13.5	13.2	13.3	13.1	13.1
②春小麦	0.9	0.8	0.7	0.7	0.7	0.6
3. 玉米	25.4	24.9	24.6	25.7	25.3	25.8
4. 其他谷物	1.9	1.9	1.9	2.0	1.9	1.8
其中：谷子	0.5	0.5	0.5	0.6	0.5	0.4
高粱	0.4	0.4	0.4	0.4	0.4	0.4
大麦	0.2	0.3	0.3	0.3	0.3	0.3
（二）豆类	6.1	6.7	6.9	6.0	7.0	7.0
其中：大豆	5.1	5.6	5.9	5.0	6.0	6.1
绿豆	0.3	0.3	0.2	0.2	0.2	0.1
红小豆	0.1	0.1	0.1	0.1	0.1	0.1
（三）薯类	4.3	4.3	4.3	4.3	4.2	4.1
其中：马铃薯	2.9	2.8	2.8	2.7	2.7	2.6
二、油料	**7.8**	**7.8**	**7.8**	**7.8**	**7.7**	**8.1**
其中：花生	2.8	2.8	2.8	2.8	2.8	2.8
油菜籽	3.9	4.0	4.0	4.1	4.3	4.5
芝麻	0.2	0.2	0.2	0.2	0.2	0.2
葵花籽	0.6	0.6	0.5	0.4	0.4	0.4
胡麻籽	0.1	0.1	0.1	0.1	0.1	0.1
三、棉花	**2.0**	**2.0**	**1.9**	**1.8**	**1.8**	**1.6**
四、麻类	**0.03**	**0.04**	**0.04**	**0.03**	**0.03**	**0.03**
其中：黄红麻	0.003	0.004	0.003	0.003	0.003	0.002
亚麻	0.002	0.003	0.005	0.003	0.003	0.003
大麻	0.011	0.015	0.01	0.01	0.01	0.01
苎麻	0.017	0.017	0.02	0.02	0.02	0.02
五、糖料	**1.0**	**1.0**	**0.9**	**0.9**	**0.9**	**0.8**
其中：甘蔗	0.8	0.8	0.8	0.8	0.8	0.7
甜菜	0.1	0.1	0.1	0.1	0.1	0.1
六、烟叶	**0.6**	**0.6**	**0.6**	**0.6**	**0.6**	**0.6**
其中：烤烟	0.6	0.6	0.6	0.6	0.6	0.6
七、蔬菜瓜果	**13.6**	**13.9**	**14.1**	**14.3**	**14.5**	**14.6**
八、药材	**1.4**	**1.6**	**1.7**	**1.8**	**1.9**	**1.9**
九、其他作物	**3.0**	**3.1**	**3.1**	**3.1**	**3.1**	**3.0**
其中：青饲料	1.2	1.3	1.3	1.5	1.5	1.5

主要农作物产品产量

单位：万吨（棉花），亿斤（其他）

指　　标	1978	1980	1990	2000	2015
一、粮食作物	**6 095.3**	**6 411.1**	**8 924.9**	**9 243.5**	**13 212.1**
其中：夏收粮食	1 187.5	1 185.6	2 002.6	2 135.9	2 815.0
秋收粮食	3 891.6	4 242.7	5 910.8	6 357.3	9 755.6
（一）谷物				8 104.5	12 363.7
1. 稻谷	2 738.6	2 798.1	3 786.6	3 758.2	4 242.8
①早稻	1 016.2	982.8	1 011.5	750.4	641.5
②中稻和一季晚稻		1 081.1	1 776.8	2 181.3	2 895.1
③双季晚稻		734.2	998.3	826.5	706.2
2. 小麦	1 076.8	1 104.1	1 964.6	1 992.7	2 652.8
①冬小麦	937.5	929.8	1 704.5	1 844.1	2 525.0
②春小麦	139.3	174.3	260.1	148.6	127.8
3. 玉米	1 118.9	1 252.0	1 936.4	2 120.0	5 299.8
4. 其他谷物				233.6	169.9
其中：谷子	131.2	108.9	91.5	42.5	42.4
高粱	161.4	135.5	113.5	51.6	44.1
大麦					28.2
（二）豆类				402.0	302.5
其中：大豆	151.3	158.8	220.0	308.2	247.3
绿豆					10.5
红小豆					3.5
（三）薯类	634.8	574.5	548.7	737.0	545.9
其中：马铃薯			129.7	265.1	329.1
二、油料	**104.4**	**153.8**	**322.6**	**591.0**	**678.1**
其中：花生	47.5	72.0	127.4	288.7	319.2
油菜籽	37.4	47.7	139.2	227.6	277.2
芝麻	6.4	5.2	9.4	16.2	9.0
葵花籽	5.6	18.2	26.8	39.1	57.4
胡麻籽	4.5	5.4	10.7	6.9	6.2
三、棉花	**216.7**	**270.7**	**450.8**	**441.7**	**590.7**
四、麻类	**27.0**	**28.7**	**21.9**	**10.6**	**3.1**
其中：黄红麻	21.8	22.0	14.5	2.5	1.0
亚麻	2.0	3.7	4.8	4.3	0.2
大麻	1.8	1.5	0.6	0.3	0.5
苎麻	0.5	0.8	1.8	3.2	1.2
五、糖料	**476.4**	**582.3**	**1 442.9**	**1 527.1**	**2 243.0**
其中：甘蔗	422.3	456.1	1 152.4	1 365.6	2 141.3
甜菜	54.0	126.1	290.5	161.5	101.8
六、烟叶	**24.8**	**16.9**	**52.5**	**51.0**	**53.5**
其中：烤烟	21.0	14.3	45.2	44.8	49.9
七、蔬菜				**8 893.6**	**13 285.0**
八、茶叶	**5.4**	**6.1**	**10.8**	**13.7**	**45.5**
九、水果				**1 245.0**	**4 904.9**

注：自2003年起，水果产量包括园林水果和瓜果类产量，下同。

主要农作物产品产量（续表）

单位：万吨（棉花），亿斤（其他）

指　　标	2018	2019	2020	2021	2022	2023
一、粮食作物	**13 157.8**	**13 276.9**	**13 389.8**	**13 656.9**	**13 730.6**	**13 908.2**
其中：夏收粮食	2 776.2	2 832.0	2 857.1	2 919.1	2 948.1	2 923.0
秋收粮食	9 809.8	9 919.4	9 986.8	10 177.6	10 220.0	10 418.4
（一）谷物	12 200.7	12 273.9	12 334.9	12 655.1	12 664.9	12 828.6
1. 稻谷	4 242.6	4 192.3	4 237.2	4 256.8	4 169.9	4 132.1
①早稻	571.8	525.4	545.9	560.3	562.5	566.7
②中稻和一季晚稻	3 042.5	3 065.2	3 070.0	3 081.3	2 992.9	2 951.5
③双季晚稻	628.3	601.7	621.3	615.2	614.6	613.8
2. 小麦	2 628.8	2 671.9	2 685.1	2 738.9	2 754.5	2 731.8
①冬小麦	2 500.1	2 554.6	2 577.5	2 635.3	2 648.7	2 635.3
②春小麦	128.7	117.3	107.6	103.6	105.8	96.5
3. 玉米	5 143.0	5 215.6	5 213.3	5 451.0	5 544.1	5 776.8
4. 其他谷物	185.8	194.2	199.3	208.4	196.4	187.9
其中：谷子	46.8	50.8	56.1	57.7	52.4	46.5
高粱	58.2	62.7	59.4	67.5	61.9	60.8
大麦	19.1	40.2	40.7	42.7	43.8	44.6
（二）豆类	384.1	426.4	457.5	393.1	470.2	476.8
其中：大豆	319.3	361.8	392.0	327.9	405.7	416.8
绿豆	13.6	11.5	10.2	8.9	7.8	7.0
红小豆	5.6	4.8	4.2	4.6	4.9	3.8
（三）薯类	573.1	576.5	597.5	608.7	595.5	602.8
其中：马铃薯	359.7	355.6	359.7	358.1	357.7	360.7
二、油料	**686.7**	**698.6**	**717.3**	**722.6**	**730.8**	**772.7**
其中：花生	346.6	350.4	359.9	366.2	366.6	384.6
油菜籽	265.6	269.7	281.0	294.3	310.6	326.3
芝麻	8.6	9.3	9.1	9.1	8.7	9.1
葵花籽	49.9	53.3	51.4	43.1	34.8	42.8
胡麻籽	6.7	6.6	5.7	5.3	5.2	4.9
三、棉花	**610.3**	**588.9**	**591.0**	**573.1**	**598.0**	**561.8**
四、麻类	**4.1**	**4.7**	**5.0**	**4.2**	**4.6**	**3.3**
其中：黄红麻	0.6	0.6	0.4	0.3	0.3	0.2
亚麻	0.3	0.3	0.9	0.4	0.5	0.4
大麻	2.1	2.6	2.5	2.4	2.6	1.5
苎麻	1.1	1.1	1.1	1.1	1.1	1.1
五、糖料	**2 387.5**	**2 433.2**	**2 402.8**	**2 290.9**	**2 247.3**	**2 275.3**
其中：甘蔗	2 161.9	2 187.8	2 162.4	2 133.3	2 067.6	2 091.3
甜菜	225.5	245.5	239.7	157.0	178.7	183.2
六、烟叶	**44.8**	**43.1**	**42.7**	**42.6**	**43.8**	**45.9**
其中：烤烟	42.2	40.4	40.4	40.4	41.6	43.8
七、蔬菜	**14 069.3**	**14 420.5**	**14 982.6**	**15 509.8**	**15 999.4**	**16 573.6**
八、茶叶	**52.2**	**55.5**	**58.6**	**63.3**	**66.8**	**70.8**
九、水果	**5 137.7**	**5 480.2**	**5 738.5**	**5 994.0**	**6 259.2**	**6 548.9**

我国主要农产品进口来源国及占比 2023

稻谷	进口量（亿斤）	进口金额（亿美元）	进口量占比（%）
进口合计	52.6	14.4	100.0
越南	18.7	5.4	35.5
缅甸	10.8	2.2	20.6
泰国	9.9	3.4	18.9
印度	4.8	0.9	9.2
柬埔寨	4.2	1.5	8.0
小麦	进口量（亿斤）	进口金额（亿美元）	进口量占比（%）
进口合计	242.0	44.2	100.0
澳大利亚	138.8	25.1	57.4
加拿大	51.0	9.9	21.1
美国	18.5	3.2	7.7
法国	16.5	3.2	6.8
哈萨克斯坦	10.4	1.5	4.3
玉米	进口量（亿斤）	进口金额（亿美元）	进口量占比（%）
进口合计	542.5	90.2	100.0
巴西	256.1	40.5	47.2
美国	142.9	26.1	26.3
乌克兰	110.3	18.1	20.3
保加利亚	14.8	2.4	2.7
缅甸	7.6	1.3	1.4
大豆	进口量（亿斤）	进口金额（亿美元）	进口量占比（%）
进口合计	1972.2	592.1	100.0
巴西	1398.6	409.4	70.9
美国	469.6	151.2	23.8
阿根廷	38.9	12.2	2.0
加拿大	29.3	9.2	1.5
俄罗斯	25.9	6.9	1.3
猪肉	进口量（亿斤）	进口金额（亿美元）	进口量占比（%）
进口合计	30.8	34.8	100.0
巴西	8.0	10.0	26.1
西班牙	7.6	8.7	24.5
加拿大	2.6	2.7	8.6
美国	2.4	2.2	7.9
荷兰	2.4	2.7	7.8

注：数据来源于海关总署，品种分类采用农业农村部分类口径，下同。

粮食

年份	播种面积（万亩）	产量（亿斤）	单产（斤/亩）	人均产量（斤）	全国居民人均原粮消费量（斤）
1978	180 880.8	6 095.3	337.0	637.5	
1980	175 851.4	6 411.1	364.6	653.4	
1985	163 267.7	7 582.2	464.4	721.4	
1990	170 198.8	8 924.9	524.4	786.2	
1991	168 470.4	8 705.9	516.8	756.5	
1992	165 839.6	8 853.2	533.8	759.9	
1993	165 763.1	9 129.8	550.8	774.7	
1994	164 315.6	8 902.0	541.8	746.9	
1995	165 090.6	9 332.4	565.3	774.6	
1996	168 821.9	10 090.7	597.7	828.8	
1997	169 368.2	9 883.4	583.5	803.5	
1998	170 681.1	10 245.9	600.3	825.0	
1999	169 741.5	10 167.7	599.0	811.6	
2000	162 693.8	9 243.5	568.2	732.1	
2001	159 120.0	9 052.7	568.9	711.8	
2002	155 836.2	9 141.2	586.6	713.9	
2003	149 115.6	8 613.9	577.7	668.6	
2004	152 409.0	9 389.4	616.1	724.4	
2005	156 417.6	9 680.4	618.9	742.5	
2006	157 437.0	9 960.8	632.7	759.8	
2007	158 997.9	10 082.8	634.1	765.1	
2008	161 316.8	10 686.9	662.5	806.8	
2009	165 382.6	10 788.2	652.3	810.4	
2010	167 543.1	11 182.3	667.4	835.9	
2011	169 470.5	11 769.9	694.5	875.1	
2012	171 552.1	12 244.5	713.7	904.2	
2013	173 861.3	12 609.6	725.3	925.0	297.4
2014	176 182.8	12 793.0	726.1	932.5	282.0
2015	178 444.2	13 212.1	740.4	957.5	269.0
2016	178 845.1	13 208.7	738.6	951.8	265.6
2017	176 983.6	13 232.1	747.6	947.7	260.2
2018	175 557.3	13 157.8	749.5	938.0	254.4
2019	174 095.4	13 276.9	762.6	943.1	260.2
2020	175 152.3	13 389.8	764.5	949.0	282.4
2021	176 446.2	13 656.9	774.0	967.0	289.2
2022	177 498.2	13 730.6	773.6	972.3	273.6
2023	178 452.8	13 908.2	779.4	985.9	268.8

注：人均产量数据由国家统计局公布的产量和人口数据计算得来，其中人口数据采用年初和年末人口的平均数，下同。

粮食（续表）

年份	谷物进口量（亿斤）	谷物出口量（亿斤）	三种粮食每斤总成本（元）	三种粮食每斤纯收益（元）	三种粮食亩均总成本（元）	三种粮食亩均纯收益（元）
1978						
1980						
1985						
1990						
1991						
1992						
1993						
1994						
1995	408.1	13.0				
1996	216.8	24.9				
1997	83.4	167.0				
1998	77.7	177.8				
1999	68.0	147.6				
2000	63.0	276.3				
2001	68.9	175.4				
2002	57.0	296.8				
2003	41.7	440.3				
2004	195.1	95.9	0.47	0.23	395.5	196.5
2005	125.5	203.5	0.52	0.15	425.0	122.6
2006	72.0	122.0	0.53	0.19	444.9	155.0
2007	31.1	197.2	0.57	0.22	481.1	185.2
2008	30.8	37.2	0.63	0.21	562.4	186.4
2009	63.0	27.4	0.69	0.22	600.4	192.4
2010	114.2	24.9	0.78	0.26	672.7	227.2
2011	108.9	24.3	0.88	0.28	791.2	250.8
2012	279.7	20.3	1.02	0.18	936.4	168.4
2013	291.7	20.0	1.13	0.08	1 026.2	72.9
2014	390.3	15.4	1.11	0.13	1 068.6	124.8
2015	654.3	10.7	1.14	0.02	1 090.0	19.6
2016	439.9	12.7	1.17	−0.09	1 093.6	−80.3
2017	512.0	32.3	1.13	−0.01	1 081.6	−12.5
2018	410.0	51.1	1.19	−0.09	1 093.8	−85.6
2019	358.4	64.7	1.13	−0.03	1 108.9	−30.5
2020	715.8	51.9	1.18	0.05	1 119.6	47.1
2021	1 307.5	52.4	1.17	0.12	1 157.2	116.8
2022	1 064.1	48.8	1.23	0.19	1 252.7	189.3
2023	1 181.8	38.4	1.26	0.07	1 284.9	75.1

注：进出口数据来源于海关总署，成本收益数据来源于国家发展改革委，下同。

粮食（续表）

年份	谷物产值（亿元）	谷物出口金额（亿美元）	谷物进口金额（亿美元）	谷物面积占世界比重（%）
1978				13.5
1980				13.2
1985				12.2
1990				13.1
1991				13.3
1992				13.0
1993				12.8
1994				12.6
1995		1.4	36.1	13.0
1996		3.7	25.8	13.2
1997		13.2	9.2	13.1
1998		15.8	7.2	13.5
1999		11.9	5.3	13.7
2000		16.9	5.9	12.7
2001		11.0	6.3	12.3
2002		17.2	4.9	12.3
2003		26.7	4.6	11.5
2004	6 418.8	8.4	22.3	11.7
2005	6 650.7	15.3	14.1	11.8
2006	6 479.0	11.7	8.4	12.4
2007	7 870.0	22.0	5.4	12.3
2008	8 953.0	7.8	7.3	12.1
2009	9 004.0	7.4	9.0	12.6
2010	10 517.0	6.9	15.3	12.9
2011	12 076.1	8.1	20.4	12.9
2012	13 333.8	6.3	47.9	13.1
2013	14 295.4	7.0	51.0	12.9
2014	14 769.8	6.0	62.2	13.1
2015	14 190.0	4.4	94.0	14.5
2016	14 297.4	5.0	57.1	14.1
2017	14 738.5	8.0	64.9	14.0
2018	14 601.6	11.0	59.4	13.8
2019	14 797.7	12.8	52.6	13.5
2020	16 066.6	10.8	95.2	13.3
2021	17 521.1	11.8	200.7	13.5
2022	18 778.9	12.0	196.6	13.6
2023	18 656.6	11.8	208.0	

注：1. 产值按当年价格计算，下同。

2. 中国和世界比较数据根据联合国粮农组织（FAO）数据计算而得。

粮食（续表）

年份	谷物面积在世界位次	谷物产量占世界比重（%）	谷物产量在世界位次	谷物单产比世界（世界为1）	谷物单产在世界位次	人均谷物产量比世界（世界为1）
1978	3	17.1	2	1.26	35	0.76
1980	3	17.9	1	1.36	37	0.81
1985	3	18.5	2	1.51	23	0.85
1990	3	20.6	1	1.57	20	0.96
1991	3	21.0	1	1.58	25	0.98
1992	2	20.4	1	1.57	24	0.95
1993	2	21.3	1	1.66	21	1.00
1994	2	20.2	1	1.60	25	0.95
1995	2	21.9	1	1.68	21	1.04
1996	2	21.9	1	1.66	22	1.04
1997	2	21.2	1	1.61	23	1.01
1998	2	21.9	1	1.62	23	1.05
1999	2	21.8	1	1.59	21	1.05
2000	2	19.7	1	1.55	25	0.95
2001	2	18.8	1	1.53	27	0.91
2002	2	19.3	1	1.57	27	0.94
2003	2	18.1	1	1.57	24	0.89
2004	2	18.0	1	1.54	28	0.89
2005	2	18.9	1	1.60	27	0.94
2006	2	20.0	1	1.61	25	1.00
2007	2	19.4	1	1.58	23	0.98
2008	2	19.0	1	1.57	26	0.96
2009	2	19.3	1	1.53	27	0.99
2010	2	20.1	1	1.55	27	1.04
2011	2	20.1	1	1.56	27	1.04
2012	2	21.0	1	1.61	26	1.10
2013	2	20.0	1	1.54	24	1.05
2014	2	19.8	1	1.51	32	1.05
2015	1	21.8	1	1.50	27	1.16
2016	1	21.0	1	1.49	26	1.13
2017	1	20.7	1	1.48	23	1.11
2018	1	20.6	1	1.49	26	1.12
2019	1	20.6	1	1.53	28	1.13
2020	2	20.5	1	1.55	23	1.13
2021	2	20.6	1	1.52	26	1.15
2022	2	20.7	1	1.53	23	1.17

分地区粮食生产情况 2023

地 区	播种面积（万亩）	位次	产量（亿斤）	位次	单产（斤/亩）
北 京	134.2	31	9.6	31	712.1
天 津	585.0	26	51.1	26	874.2
河 北	9 682.8	6	762.0	7	786.9
山 西	4 741.4	15	295.6	16	623.5
内蒙古	10 477.1	5	791.6	6	755.5
辽 宁	5 367.6	14	512.7	12	955.1
吉 林	8 738.4	8	837.3	4	958.2
黑龙江	22 114.6	1	1 557.6	1	704.3
上 海	190.8	30	20.4	30	1 068.0
江 苏	8 188.4	9	759.5	8	927.6
浙 江	1 537.0	23	127.8	23	831.2
安 徽	11 001.7	4	830.2	5	754.6
福 建	1 261.7	24	102.2	24	810.0
江 西	5 661.4	13	439.7	13	776.6
山 东	12 581.9	3	1 131.1	3	899.0
河 南	16 177.9	2	1 324.9	2	818.9
湖 北	7 060.5	11	555.4	11	786.6
湖 南	7 145.2	10	613.6	10	858.8
广 东	3 344.3	21	257.0	19	768.6
广 西	4 252.1	17	279.1	17	656.3
海 南	410.4	28	29.4	27	716.5
重 庆	3 038.9	22	219.2	22	721.2
四 川	9 606.0	7	718.8	9	748.2
贵 州	4 160.7	19	223.9	21	538.2
云 南	6 364.8	12	394.8	15	620.3
西 藏	291.9	29	21.8	29	746.0
陕 西	4 534.5	16	264.7	18	583.8
甘 肃	4 066.4	20	254.6	20	626.1
青 海	457.4	27	23.2	28	508.3
宁 夏	1 040.8	25	75.8	25	727.9
新 疆	4 237.1	18	423.8	14	1 000.3

稻谷

年份	播种面积（万亩）	产量（亿斤）	单产（斤/亩）	大米进口量（亿斤）	大米出口量（亿斤）
1978	51 631.3	2 738.6	530.4		
1980	50 817.7	2 798.1	550.6		
1985	48 105.1	3 371.4	700.8		
1990	49 596.7	3 786.6	763.5		
1991	48 885.0	3 676.3	752.0		
1992	48 135.3	3 724.4	773.7		
1993	45 532.8	3 550.3	779.7		
1994	45 257.1	3 518.7	777.5		
1995	46 116.2	3 704.5	803.3	32.9	1.1
1996	47 110.2	3 902.1	828.3	15.5	5.5
1997	47 647.3	4 014.7	842.6	7.2	19.0
1998	46 820.7	3 974.3	848.8	5.2	75.1
1999	46 925.2	3 969.7	846.0	3.8	54.3
2000	44 942.6	3 758.2	836.2	5.0	59.2
2001	43 218.6	3 551.6	821.8	5.9	37.4
2002	42 302.4	3 490.8	825.2	4.8	39.8
2003	39 761.7	3 213.1	808.1	5.2	52.4
2004	42 568.2	3 581.8	841.4	15.3	18.2
2005	43 270.8	3 611.8	834.7	10.4	13.7
2006	43 406.8	3 634.4	837.3	14.6	25.1
2007	43 459.1	3 727.6	857.7	9.7	27.1
2008	44 025.4	3 852.2	875.0	6.6	19.4
2009	44 689.5	3 923.9	878.0	7.1	15.7
2010	45 145.3	3 944.5	873.7	7.8	12.4
2011	45 507.6	4 057.7	891.6	12.0	10.3
2012	45 714.0	4 130.6	903.6	47.4	5.6
2013	46 064.6	4 125.7	895.6	45.4	9.6
2014	46 147.7	4 192.2	908.4	51.6	8.4
2015	46 176.1	4 242.8	918.8	67.5	5.7
2016	46 118.8	4 221.9	915.4	71.2	7.9
2017	46 120.8	4 253.5	922.3	80.5	23.9
2018	45 284.2	4 242.6	936.9	61.5	41.8
2019	44 540.3	4 192.3	941.2	50.9	55.0
2020	45 113.3	4 237.2	939.2	58.8	46.0
2021	44 881.7	4 256.8	948.5	99.3	49.0
2022	44 175.2	4 169.9	943.9	123.9	44.3
2023	43 423.6	4 132.1	951.6	52.6	32.5

稻谷（续表）

年份	消费量（亿斤）	人均产量（斤）	产值（亿元）	国内大米价格（元/斤）	国际大米价格（元/斤）	最低收购价水平（元/斤）
1978		286.4				
1980		285.2				
1985		320.8				
1990		333.6				
1991		319.5				
1992		319.7				
1993		301.3				
1994		295.2				
1995		307.5				
1996		320.5				
1997		326.4				
1998		320.0				
1999		316.9				
2000		297.6				
2001		279.2				
2002		272.6				
2003		249.4				
2004		276.4				
2005		277.0				
2006		277.2				
2007		282.8				
2008		290.8		1.41	2.58	0.77/0.79/0.82
2009		294.8	3 915.6	1.46	1.92	0.90/0.92/0.95
2010		294.9	4 468.3	1.57	1.86	0.93/0.97/1.05
2011		301.7	5 260.1	1.91	2.04	1.02/1.07/1.28
2012		305.0	5 714.9	2.05	2.14	1.20/1.25/1.40
2013		302.6	6 014.6	2.02	1.92	1.32/1.35/1.50
2014	4 003	305.6	6 193.0	2.07	1.45	1.35/1.38/1.55
2015	4 149	307.5	6 129.1	2.08	1.43	1.35/1.38/1.55
2016	4 233	304.2	6 089.1	2.07	1.56	1.33/1.38/1.55
2017	4 245	304.6	6 357.5	2.11	1.59	1.30/1.36/1.50
2018	4 420	302.4	6 232.1	2.06	1.66	1.20/1.26/1.30
2019	4 220	297.8	6 175.6	2.02	1.74	1.20/1.26/1.30
2020	4 334	300.3	6 512.5	2.07	1.98	1.21/1.27/1.30
2021	4 309	301.4	6 682.7	2.10	1.74	1.22/1.28/1.30
2022	4 250	295.3	6 550.9	2.02	1.75	1.24/1.29/1.31
2023	4 014	292.9	6 592.4	2.03	2.17	1.26/1.29/1.31

注：1. 稻谷消费量数据为专家估计数，来自《中国农业展望报告》。

2. 国内价格为标一晚籼米全国批发均价；国际价格为配额内泰国曼谷（25%含碎率）大米到岸税后价。

稻谷（续表）

年份	进口金额（亿美元）	出口金额（亿美元）	每斤总成本（元）	每斤纯收益（元）	亩均总成本（元）	亩均纯收益（元）
1978						
1980						
1985						
1990						
1991						
1992						
1993						
1994						
1995	4.3	0.2				
1996	2.9	1.2				
1997	1.5	2.7				
1998	1.2	9.3				
1999	0.9	6.6				
2000	1.2	5.6				
2001	1.1	3.3				
2002	0.8	3.9				
2003	1.0	5.0				
2004	2.5	2.4	0.49	0.31	454.6	285.1
2005	2.0	2.3	0.56	0.22	493.3	192.7
2006	2.9	4.2	0.58	0.23	518.2	202.4
2007	2.3	4.9	0.60	0.25	555.2	229.1
2008	2.1	4.8	0.70	0.25	665.1	235.6
2009	2.2	5.2	0.72	0.27	683.1	251.2
2010	2.7	4.2	0.84	0.34	766.6	309.8
2011	4.1	4.3	0.95	0.39	897.0	371.3
2012	11.5	2.7	1.09	0.29	1 055.1	285.7
2013	10.8	4.2	1.20	0.16	1 151.1	154.8
2014	12.5	3.8	1.20	0.21	1 176.6	204.8
2015	15.0	2.7	1.20	0.18	1 202.1	175.4
2016	16.1	3.5	1.22	0.14	1 201.8	142.0
2017	18.6	6.0	1.24	0.14	1 210.2	132.6
2018	16.4	8.9	1.23	0.07	1 223.6	65.9
2019	13.0	10.6	1.25	0.02	1 241.8	20.4
2020	15.0	9.2	1.32	0.05	1 253.5	49.0
2021	22.3	10.4	1.30	0.06	1 281.3	60.0
2022	26.6	10.3	1.42	−0.02	1 361.9	−22.7
2023	14.4	9.8	1.38	0.06	1 358.1	58.2

稻谷（续表）

年份	水稻机耕面积（万亩）	水稻机播面积（万亩）	水稻机收面积（万亩）	水稻耕种收综合机械化率（%）	面积占世界比重（%）
1978		467.7			24.0
1980		293.7	232.3		23.4
1985		257.7	118.0		22.3
1990		798.8	442.5		22.5
1991		971.6	613.1		22.2
1992		1 084.4	778.9		21.8
1993		969.1	676.1		20.7
1994		893.8	780.3		20.5
1995		1 009.3	1 117.7		20.6
1996		1 040.6	1 791.5		20.9
1997		1 761.9	3 453.5		21.0
1998		1 855.1	4 725.8		20.6
1999		2 116.7	5 707.7		19.9
2000		1 992.0	6 937.4		19.5
2001		2 428.2	7 790.1		19.0
2002		2 235.6	8 713.2		19.1
2003		2 386.7	9 303.0		17.9
2004		2 229.3	11 637.0		18.8
2005		3 090.9	14 494.8		18.6
2006		3 892.9	17 048.2		18.6
2007		4 797.8	20 042.1		18.6
2008	34 478.0	6 021.7	22 441.7	51.2	18.3
2009	36 856.2	7 425.2	25 192.4	55.3	18.8
2010	38 821.3	9 346.1	28 900.1	60.5	18.5
2011	40 757.9	11 832.0	31 252.2	65.1	18.5
2012	42 394.4	14 391.8	33 334.2	68.8	18.5
2013	43 691.1	16 415.3	35 928.3	73.1	18.3
2014	44 282.5	17 984.9	37 759.1	76.5	18.4
2015	44 592.3	19 155.6	38 547.5	78.1	18.9
2016	44 721.0	20 121.6	39 434.4	79.2	18.9
2017	44 472.5	21 837.1	40 249.5	80.2	18.4
2018	44 103.3	23 032.0	41 442.9	81.9	18.1
2019	43 747.5	24 000.7	41 613.5	83.7	18.3
2020	44 124.8	25 396.7	42 284.2	84.4	18.3
2021	44 160.3	26 529.3	42 380.7	85.6	18.1
2022	43 622.1	27 209.2	42 207.5	86.9	17.8
2023	43 004.3	28 203.8	41 707.9	88.0	

稻谷（续表）

年份	面积在世界位次	产量占世界比重（%）	产量在世界位次	单产比世界（世界为1）	单产在世界位次	人均产量比世界（世界为1）
1978	2	35.5	1	1.48	20	1.59
1980	2	35.3	1	1.50	20	1.59
1985	2	36.0	1	1.61	11	1.66
1990	2	36.5	1	1.62	12	1.70
1991	2	35.5	1	1.59	11	1.65
1992	2	35.3	1	1.62	13	1.65
1993	2	33.5	1	1.62	8	1.57
1994	2	32.7	1	1.59	11	1.54
1995	2	33.9	1	1.65	9	1.60
1996	2	34.3	1	1.64	9	1.63
1997	2	34.8	1	1.66	9	1.66
1998	2	34.3	1	1.67	7	1.64
1999	2	32.5	1	1.63	10	1.56
2000	2	31.4	1	1.61	10	1.52
2001	2	29.6	1	1.56	10	1.44
2002	2	30.6	1	1.60	10	1.49
2003	2	27.4	1	1.53	10	1.35
2004	2	29.5	1	1.57	14	1.46
2005	2	28.5	1	1.53	14	1.42
2006	2	28.4	1	1.52	14	1.42
2007	2	28.3	1	1.52	14	1.43
2008	2	27.9	1	1.53	14	1.42
2009	2	28.5	1	1.52	13	1.46
2010	2	27.9	1	1.51	11	1.44
2011	2	27.7	1	1.50	11	1.43
2012	2	27.7	1	1.50	11	1.45
2013	2	27.4	1	1.49	14	1.44
2014	2	27.8	1	1.51	13	1.47
2015	2	28.4	1	1.50	13	1.52
2016	2	28.1	1	1.49	13	1.51
2017	2	27.8	1	1.50	13	1.49
2018	2	27.1	1	1.50	12	1.47
2019	2	27.7	1	1.51	11	1.52
2020	2	28.0	1	1.53	12	1.54
2021	2	27.0	1	1.49	13	1.51
2022	2	26.9	1	1.50	11	1.51

分地区稻谷生产情况 2023

地 区	播种面积（万亩）	位次	产量（亿斤）	位次	单产（斤/亩）
北 京	0.5	30	0.04	30	712.7
天 津	80.9	24	10.36	23	1 281.4
河 北	110.2	23	9.77	24	886.4
山 西	3.3	28	0.30	27	896.0
内蒙古	155.1	21	16.42	21	1 058.2
辽 宁	750.7	17	82.59	15	1 100.2
吉 林	1 243.2	10	136.41	10	1 097.2
黑龙江	4 902.8	3	487.99	2	995.3
上 海	156.5	20	17.30	19	1 105.5
江 苏	3 331.5	6	400.65	4	1 202.6
浙 江	973.5	13	97.05	12	997.0
安 徽	3 751.0	4	321.96	6	858.3
福 建	901.7	14	78.93	16	875.3
江 西	5 075.8	2	414.15	3	815.9
山 东	151.5	22	17.22	20	1 136.9
河 南	886.1	15	95.84	13	1 081.6
湖 北	3 411.2	5	376.08	5	1 102.5
湖 南	5 920.5	1	533.06	1	900.4
广 东	2 741.4	8	219.38	8	800.2
广 西	2 641.1	9	206.07	9	780.2
海 南	343.0	18	25.62	18	747.0
重 庆	985.5	12	98.40	11	998.5
四 川	2 767.8	7	296.15	7	1 070.0
贵 州	860.6	16	73.22	17	850.8
云 南	1 025.4	11	91.11	14	888.5
西 藏	1.3	29	0.10	29	780.9
陕 西	158.2	19	14.70	22	929.3
甘 肃	3.4	27	0.28	28	830.3
青 海					
宁 夏	30.2	26	3.24	26	1 073.9
新 疆	59.5	25	7.66	25	1 287.7

小麦

年份	播种面积（万亩）	产量（亿斤）	单产（斤/亩）	进口量（亿斤）	出口量（亿斤）
1978	43 773.9	1 076.8	246.0		
1980	43 266.6	1 104.1	255.2		
1985	43 827.2	1 716.1	391.6		
1990	46 129.8	1 964.6	425.9		
1991	46 421.8	1 919.1	413.4		
1992	45 743.7	2 031.7	444.2		
1993	45 351.9	2 127.8	469.2		
1994	43 470.9	1 985.9	456.8		
1995	43 290.3	2 044.1	472.2	232.5	4.5
1996	44 415.8	2 211.4	497.9	166.0	11.3
1997	45 085.0	2 465.8	546.9	38.4	9.2
1998	44 661.1	2 194.5	491.4	31.0	5.5
1999	43 282.6	2 277.6	526.2	10.1	3.3
2000	39 979.9	1 992.7	498.4	18.4	3.8
2001	36 995.6	1 877.5	507.5	14.8	14.3
2002	35 862.5	1 805.8	503.5	12.6	19.5
2003	32 995.4	1 729.8	524.2	8.9	50.5
2004	32 439.0	1 839.0	566.9	145.2	21.8
2005	34 188.9	1 948.9	570.0	70.9	12.1
2006	35 419.5	2 169.3	612.5	12.3	30.2
2007	35 642.4	2 189.8	614.4	2.0	61.4
2008	35 555.4	2 258.0	635.1	0.9	6.2
2009	36 637.9	2 315.9	632.1	18.1	4.9
2010	36 663.4	2 321.9	633.3	24.6	5.5
2011	36 760.3	2 371.4	645.1	25.2	6.6
2012	36 826.4	2 449.5	665.1	74.0	5.7
2013	36 659.5	2 472.8	674.5	110.7	5.6
2014	36 664.1	2 564.7	699.5	60.1	3.8
2015	36 850.4	2 651.1	719.4	60.1	2.4
2016	36 998.7	2 663.8	720.0	68.2	2.3
2017	36 717.2	2 684.8	731.2	88.4	3.7
2018	36 399.3	2 628.8	722.2	62.0	5.7
2019	35 591.5	2 671.9	750.7	69.8	6.3
2020	35 070.0	2 685.1	765.6	167.6	3.6
2021	35 350.6	2 738.9	774.8	195.4	1.7
2022	35 277.7	2 754.5	780.8	199.2	2.9
2023	35 440.9	2 731.8	770.8	242.0	4.1

小麦（续表）

年份	消费量（亿斤）	人均产量（斤）	国内价格（元/斤）	国际价格（元/斤）	最低收购价水平（元/斤）
1978		112.6			
1980		112.5			
1985		163.3			
1990		173.1			
1991		166.8			
1992		174.4			
1993		180.6			
1994		166.6			
1995		169.7			
1996		181.6			
1997		200.5			
1998		176.7			
1999		181.8			
2000		157.8			
2001		147.6			
2002		141.0			
2003		134.3	0.66	0.63	
2004		141.9	0.82	0.68	
2005		149.5	0.80	0.66	
2006		165.5	0.81	0.81	0.72/0.69/0.69
2007		166.2	0.82	1.03	0.72/0.69/0.69
2008		170.5	0.88	1.20	0.77/0.72/0.72
2009		174.0	1.01	0.81	0.87/0.83/0.83
2010		173.6	1.08	0.83	0.90/0.86/0.86
2011		176.3	1.26	1.07	0.95/0.93/0.93
2012		180.9	1.23	1.04	1.02
2013		181.4	1.31	1.00	1.12
2014	2 494.0	187.0	1.38	0.94	1.18
2015	2 393.0	192.1	1.49	0.99	1.18
2016	2 541.0	191.9	1.42	0.92	1.18
2017	2 488.2	192.3	1.47	1.07	1.18
2018	2 532.6	187.4	1.44	1.17	1.15
2019	2 566.0	189.8	1.38	1.12	1.12
2020	2 767.6	190.3	1.35	1.17	1.12
2021	2 971.4	193.9	1.44	1.49	1.15
2022	2 638.6	195.1	1.66	1.99	1.15
2023	2 957.8	209.7	1.62	1.64	1.17

注：1. 小麦消费量数据为专家估计数，来自《中国农业展望报告》。

2. 国内价格为广州黄埔港优质麦到港价；国际价格为配额内美国墨西哥湾硬红冬麦（蛋白质含量 12%）到岸税后价。

3. 2012 年以前分别是白小麦、红小麦、混合麦最低收购价水平。2012 年起，国家统一白小麦、红小麦、混合麦的最低收购价水平。

小麦（续表）

年份	进口金额（亿美元）	出口金额（亿美元）	每斤总成本（元）	每斤纯收益（元）	亩均总成本（元）	亩均纯收益（元）
1978						
1980						
1985						
1990						
1991						
1992						
1993						
1994						
1995	20.4	0.6				
1996	19.0	1.6				
1997	3.8	1.3				
1998	2.9	0.8				
1999	1.0	0.5				
2000	1.6	0.5				
2001	1.4	1.1				
2002	1.1	1.3				
2003	0.9	3.3				
2004	16.5	1.9	0.50	0.24	355.9	169.6
2005	7.7	1.2	0.57	0.12	389.6	79.4
2006	1.2	2.6	0.55	0.16	404.8	117.7
2007	0.3	6.9	0.59	0.17	438.6	125.3
2008	0.1	1.1	0.62	0.21	498.6	164.5
2009	2.1	1.0	0.73	0.19	567.0	150.5
2010	3.2	1.2	0.82	0.17	618.6	132.2
2011	4.2	1.6	0.89	0.15	712.3	117.9
2012	11.1	1.5	1.06	0.03	830.4	21.3
2013	18.8	1.5	1.19	−0.02	914.7	−12.8
2014	9.8	1.1	1.11	0.10	965.1	87.8
2015	9.0	0.7	1.14	0.02	984.3	17.4
2016	8.2	0.6	1.21	−0.10	1 012.5	−82.2
2017	10.8	0.9	1.16	0.01	1 007.6	6.1
2018	8.6	1.2	1.33	−0.21	1 012.9	−159.4
2019	10.0	1.2	1.11	0.02	1 028.9	15.1
2020	23.5	0.7	1.16	−0.02	1 026.5	−16.6
2021	30.8	0.4	1.09	0.14	1 040.9	129.1
2022	38.4	0.7	1.09	0.41	1 140.8	425.9
2023	44.2	1.0	1.25	0.01	1 184.6	12.9

小麦（续表）

年份	机耕面积（万亩）	机播面积（万亩）	机收面积（万亩）	耕种收综合机械化率（%）	面积占世界比重（%）
1978					12.7
1980		11 522.4	4 993.4		12.3
1985		11 698.8	5 879.8		12.7
1990		18 802.9	13 246.8		13.3
1991		21 233.4	14 371.7		13.8
1992		22 716.0	16 951.6		13.7
1993		23 290.1	17 955.9		13.6
1994		23 634.5	19 302.8		13.5
1995		24 870.1	20 431.4		13.3
1996		26 513.8	21 631.2		13.2
1997		28 520.3	24 697.2		13.2
1998		29 848.2	26 223.6		13.5
1999		29 715.3	27 618.7		13.6
2000		27 727.1	26 742.3		12.4
2001		26 970.6	25 794.7		11.5
2002		26 178.0	25 065.4		11.1
2003		24 442.6	24 018.0		10.6
2004		26 228.6	24 720.8		10.0
2005		27 195.0	26 029.6		10.3
2006		27 204.0	26 975.0		11.1
2007		27 846.7	28 261.6		11.0
2008	34 478.0	28 794.9	29 700.6	86.5	10.6
2009	36 856.2	30 743.0	31 361.6	89.4	10.8
2010	38 821.3	31 044.0	32 184.1	91.3	11.3
2011	40 757.9	31 291.1	33 147.5	92.6	11.0
2012	43 691.1	31 328.8	33 051.4	93.2	11.1
2013	47 089.8	31 360.4	33 148.9	93.7	11.0
2014	32 513.1	31 404.5	31 701.2	93.5	11.0
2015	32 945.1	31 701.2	34 022.1	93.7	11.0
2016	33 307.9	31 887.1	34 007.3	94.2	11.3
2017	33 696.9	32 910.9	34 899.9	95.1	11.2
2018	33 413.1	33 080.9	34 896.0	95.9	11.3
2019	32 822.0	32 681.6	34 271.3	96.4	11.0
2020	32 709.0	32 698.9	34 191.2	97.2	10.7
2021	33 031.2	33 045.5	34 498.4	97.3	10.7
2022	33 060.4	33 221.9	34 490.8	97.6	10.7
2023	33 395.1	33 575.0	34 746.8	97.8	

小麦（续表）

年份	面积在世界位次	产量占世界比重（%）	产量在世界位次	单产比世界（世界为 1）	单产在世界位次	人均产量比世界（世界为 1）
1978	2	12.1	2	0.95	44	0.54
1980	2	12.5	3	1.02	45	0.57
1985	2	17.2	1	1.35	28	0.79
1990	2	16.6	2	1.25	30	0.77
1991	2	17.5	1	1.27	30	0.82
1992	1	18.0	1	1.31	29	0.84
1993	1	18.8	1	1.38	27	0.88
1994	1	18.9	1	1.40	30	0.89
1995	1	18.8	1	1.41	28	0.89
1996	1	19.1	1	1.45	26	0.91
1997	1	20.1	1	1.52	26	0.96
1998	1	18.4	1	1.36	28	0.88
1999	1	19.5	1	1.43	23	0.94
2000	2	17.0	1	1.37	27	0.82
2001	2	16.0	1	1.39	27	0.78
2002	3	15.3	1	1.37	29	0.75
2003	2	15.7	1	1.48	23	0.77
2004	3	14.5	1	1.44	26	0.72
2005	3	15.5	1	1.51	25	0.77
2006	2	17.7	1	1.59	19	0.88
2007	2	18.0	1	1.64	21	0.91
2008	3	16.5	1	1.55	24	0.84
2009	3	16.8	1	1.56	22	0.86
2010	2	18.0	1	1.60	22	0.93
2011	3	16.8	1	1.53	22	0.87
2012	2	18.0	1	1.61	19	0.94
2013	2	17.2	1	1.56	20	0.90
2014	2	17.3	1	1.58	20	0.92
2015	3	17.9	1	1.62	21	0.95
2016	3	17.8	1	1.58	17	0.96
2017	3	17.4	1	1.55	19	0.94
2018	3	17.9	1	1.58	15	0.97
2019	3	17.4	1	1.59	19	0.95
2020	3	17.6	1	1.65	22	0.97
2021	3	17.8	1	1.66	21	0.99
2022	3	17.0	1	1.59	18	0.96

分地区小麦生产情况 2023

地　区	播种面积（万亩）	位次	产量（亿斤）	位次	单产（斤/亩）
北　京	37.5	20	2.7	20	714.7
天　津	184.3	15	14.9	13	808.1
河　北	3 371.5	5	297.1	4	881.2
山　西	803.8	11	49.4	11	614.8
内蒙古	601.4	12	26.5	12	440.5
辽　宁	2.9	28	0.2	28	538.8
吉　林	7.5	26	0.3	26	455.7
黑龙江	28.9	22	1.5	23	515.7
上　海	28.1	23	2.6	21	921.6
江　苏	3 584.3	4	274.7	5	766.4
浙　江	228.9	14	13.3	14	580.4
安　徽	4 294.1	3	348.1	3	810.8
福　建	0.1	30	0.003	30	359.8
江　西	16.9	25	0.7	25	410.1
山　东	6 013.3	2	534.8	2	889.3
河　南	8 529.1	1	709.9	1	832.4
湖　北	1 557.6	7	82.1	8	527.0
湖　南	34.1	21	1.5	22	452.9
广　东	1.0	29	0.043	29	428.9
广　西	6.9	27	0.2	27	284.3
海　南					
重　庆	28.0	24	1.2	24	446.2
四　川	889.5	10	53.2	10	597.9
贵　州	165.8	16	5.5	17	333.6
云　南	385.5	13	11.1	15	287.5
西　藏	49.4	19	3.8	19	775.7
陕　西	1 411.6	8	83.3	7	590.3
甘　肃	1 110.2	9	59.8	9	538.9
青　海	151.6	17	7.9	16	523.4
宁　夏	103.3	18	4.7	18	453.8
新　疆	1 813.8	6	140.6	6	775.0

玉米

年份	播种面积（万亩）	产量（亿斤）	单产（斤/亩）	进口量（亿斤）	出口量（亿斤）
1978	29 941. 7	1 118. 9	373. 7		
1980	30 131. 1	1 252. 0	415. 5		
1985	26 541. 1	1 276. 5	481. 0		
1990	32 102. 2	1 936. 4	603. 2		
1991	32 361. 4	1 975. 5	610. 4		
1992	31 565. 3	1 907. 7	604. 4		
1993	31 041. 2	2 054. 1	661. 7		
1994	31 728. 2	1 985. 5	625. 8		
1995	34 163. 6	2 239. 7	655. 6	105. 3	2. 3
1996	36 747. 2	2 549. 4	693. 8	8. 9	4. 8
1997	35 662. 6	2 086. 2	585. 0	0. 1	133. 4
1998	37 858. 3	2 659. 1	702. 4	5. 0	93. 9
1999	38 855. 6	2 561. 7	659. 3	1. 6	86. 6
2000	34 584. 2	2 120. 0	613. 0	0. 1	210. 0
2001	36 423. 1	2 281. 8	626. 5	0. 8	120. 0
2002	36 950. 6	2 426. 2	656. 6	0. 2	233. 5
2003	36 102. 2	2 316. 6	641. 7	0. 02	327. 8
2004	38 168. 5	2 605. 7	682. 7	0. 04	46. 5
2005	39 537. 5	2 787. 3	705. 0	0. 1	172. 9
2006	42 694. 5	3 032. 1	710. 2	1. 3	62. 1
2007	45 035. 6	3 102. 5	688. 9	0. 7	97. 0
2008	46 471. 0	3 442. 4	740. 8	1. 0	5. 5
2009	49 422. 5	3 465. 2	701. 1	1. 7	2. 6
2010	52 465. 1	3 815. 0	727. 2	31. 5	2. 5
2011	55 149. 8	4 226. 3	766. 3	35. 1	2. 7
2012	58 663. 8	4 591. 2	782. 6	104. 1	5. 1
2013	61 948. 8	4 969. 1	802. 1	65. 3	1. 6
2014	64 495. 2	4 995. 3	774. 5	52. 0	0. 4
2015	67 452. 6	5 299. 8	785. 7	94. 6	0. 2
2016	66 266. 4	5 272. 3	795. 6	63. 4	0. 1
2017	63 598. 5	5 181. 4	814. 7	56. 5	1. 7
2018	63 195. 1	5 143. 5	813. 9	70. 5	0. 2
2019	61 926. 1	5 215. 6	842. 2	95. 9	0. 5
2020	61 896. 4	5 213. 3	842. 3	226. 0	0. 1
2021	64 986. 4	5 451. 0	838. 8	567. 1	0. 2
2022	64 605. 2	5 544. 1	858. 1	412. 4	0. 03
2023	66 328. 4	5 776. 8	870. 9	542. 5	0. 17

玉米（续表）

年份	消费量（亿斤）	人均产量（斤）	国内价格（元/斤）	国际价格（元/斤）
1978		117.0		
1980		127.6		
1985		121.5		
1990		170.6		
1991		171.7		
1992		163.8		
1993		174.3		
1994		166.6		
1995		185.9		
1996		209.4		
1997		169.6		
1998		214.1		
1999		204.5		
2000		167.9		
2001		179.4		
2002		189.5		
2003		179.8		
2004		201.0		
2005		213.8	0.66	0.76
2006		231.3	0.72	0.80
2007		235.4	0.84	1.15
2008		259.9	0.89	1.32
2009		260.3	0.88	0.90
2010		285.2	1.02	1.02
2011		314.2	1.19	1.33
2012		339.0	1.26	1.31
2013		364.5	1.24	1.14
2014	3 898	364.1	1.25	0.94
2015	3 551	384.1	1.19	0.80
2016	3 605	379.9	0.99	0.81
2017	4 398	371.1	0.88	0.84
2018	5 696	366.7	0.96	0.93
2019	5 534	370.5	0.98	1.11
2020	5 760	369.5	1.14	0.96
2021	5 641	385.9	1.43	1.26
2022	5 752	392.6	1.45	1.52
2023	5 918	419.5	1.42	1.22

注：1. 玉米消费量数据为专家估计数，来自《中国农业展望报告》。

2. 国内价格为东北二级黄玉米运到广州黄埔港的平仓价；国际价格为美国墨西哥湾二级黄玉米（蛋白质含量12%）运到黄埔港到岸税后价。

玉米（续表）

年份	进口金额（亿美元）	出口金额（亿美元）	每斤总成本（元）	每斤纯收益（元）
1978				
1980				
1985				
1990				
1991				
1992				
1993				
1994				
1995	8.3	0.1		
1996	0.8	0.5		
1997	·	8.7		
1998	0.3	5.3		
1999	0.1	4.5		
2000	·	10.5		
2001	0.1	6.3		
2002	·	11.7		
2003	·	17.7		
2004	·	3.3	0.43	0.15
2005	·	11.1	0.45	0.11
2006	0.1	4.2	0.47	0.16
2007	0.1	8.7	0.52	0.23
2008	0.1	0.8	0.56	0.17
2009	0.2	0.3	0.62	0.20
2010	3.7	0.3	0.68	0.26
2011	5.8	0.5	0.79	0.27
2012	16.9	1.0	0.92	0.20
2013	9.4	0.3	1.01	0.08
2014	7.3	0.1	1.04	0.08
2015	11.1	0.1	1.08	−0.13
2016	6.4	0.03	1.07	−0.30
2017	6.0	0.2	0.99	−0.17
2018	7.9	0.1	1.04	−0.16
2019	10.6	0.1	1.02	−0.12
2020	24.9	·	1.05	0.10
2021	80.1	0.1	1.11	0.16
2022	71.1	0.04	1.19	0.15
2023	90.2	0.07	1.16	0.14

玉米（续表）

年份	亩均总成本（元）	亩均纯收益（元）	机耕面积（万亩）	机播面积（万亩）	机收面积（万亩）
1978					
1980				3 285.1	
1985				2 539.0	
1990				5 760.1	
1991				7 301.6	
1992				8 749.2	
1993				8 256.8	
1994				8 867.2	
1995				9 475.7	
1996				11 373.2	
1997				12 907.8	
1998				14 605.6	
1999				16 532.8	
2000				15 889.1	583.8
2001				16 951.5	593.9
2002				17 233.0	642.4
2003				16 912.5	681.5
2004	375.7	134.9		18 238.9	955.4
2005	392.3	95.5		20 830.5	1 232.7
2006	411.8	144.8		23 217.6	1 872.0
2007	449.7	200.8		26 525.4	3 170.6
2008	523.5	159.2	24 724.0	28 948.3	4 752.8
2009	551.1	175.4	28 271.4	33 900.8	7 909.9
2010	632.6	239.7	30 181.5	37 283.7	12 569.3
2011	764.2	263.1	32 740.4	40 200.8	16 901.4
2012	924.2	197.7	36 007.6	43 143.0	22 266.3
2013	1 012.0	77.5	37 553.5	45 802.6	27 440.0
2014	1 063.9	81.8	38 510.2	46 697.9	31 574.9
2015	1 083.7	−134.2	41 961.5	49 529.7	36 203.1
2016	1 065.6	−299.7	38 690.5	46 242.3	36 775.1
2017	1 026.5	−175.8	37 939.6	46 979.6	39 098.8
2018	1 044.8	−163.3	38 989.9	48 935.3	41 832.3
2019	1 055.7	−126.8	39 746.6	48 979.2	42 644.6
2020	1 080.0	107.8	39 409.6	49 837.0	44 290.7
2021	1 148.8	162.1	40 450.8	52 969.1	46 873.6
2022	1 256.8	163.3	39 185.9	52 998.9	48 493.8
2023	1 312.1	154.4	40 997.8	55 653.8	51 788.4

玉米（续表）

年份	耕种收综合机械化率（%）	面积占世界比重（%）	面积在世界位次	产量占世界比重（%）
1978		16.0	2	14.2
1980		16.2	2	15.8
1985		13.6	2	13.1
1990		16.3	2	20.0
1991		16.1	2	20.0
1992		15.4	2	17.9
1993		15.7	2	21.5
1994		15.3	2	17.5
1995		16.8	2	21.6
1996		17.6	2	21.7
1997		16.9	2	17.8
1998		18.2	2	21.6
1999		18.9	2	21.1
2000		16.8	2	17.9
2001		17.7	2	18.5
2002		17.9	2	19.9
2003		16.6	2	18.0
2004		17.2	2	17.9
2005		17.8	2	19.5
2006		19.2	2	21.4
2007		18.6	2	19.2
2008	51.8	18.3	2	20.0
2009	60.2	19.6	2	20.0
2010	65.9	19.8	2	20.8
2011	71.6	19.6	2	21.7
2012	75.0	19.5	2	23.5
2013	79.8	19.4	1	21.5
2014	77.7	20.0	1	20.8
2015	81.2	23.6	1	25.2
2016	83.1	22.7	1	23.4
2017	85.6	21.5	1	22.2
2018	88.3	21.7	1	22.4
2019	89.0	20.9	1	22.7
2020	89.8	20.4	1	22.4
2021	90.0	21.0	1	22.5
2022	90.6	21.2	1	23.8
2023	91.7			

玉米（续表）

年份	产量在世界位次	单产比世界（世界为 1）	单产在世界位次	人均产量比世界（世界为 1）
1978	2	0.89	35	0.64
1980	2	0.98	29	0.71
1985	2	0.97	28	0.60
1990	2	1.23	23	0.93
1991	2	1.24	31	0.93
1992	2	1.16	28	0.84
1993	2	1.37	26	1.01
1994	2	1.14	26	0.82
1995	2	1.29	26	1.02
1996	2	1.24	29	1.03
1997	2	1.06	39	0.85
1998	2	1.19	32	1.03
1999	2	1.12	36	1.01
2000	2	1.06	36	0.86
2001	2	1.05	38	0.90
2002	2	1.11	38	0.97
2003	2	1.08	34	0.88
2004	2	1.04	43	0.88
2005	2	1.10	40	0.97
2006	2	1.12	39	1.07
2007	2	1.03	41	0.97
2008	2	1.09	43	1.02
2009	2	1.02	48	1.02
2010	2	1.05	49	1.07
2011	2	1.11	49	1.13
2012	2	1.21	45	1.23
2013	2	1.11	47	1.13
2014	2	1.04	52	1.10
2015	2	1.07	46	1.34
2016	2	1.04	55	1.26
2017	2	1.04	48	1.20
2018	2	1.03	51	1.22
2019	2	1.08	50	1.24
2020	2	1.10	47	1.23
2021	2	1.07	48	1.26
2022	2	1.13	42	1.34

分地区玉米生产情况 2023

地 区	播种面积（万亩）	位次	产量（亿斤）	位次	单产（斤/亩）
北 京	84.2	25	6.3	24	750.9
天 津	291.3	22	24.1	22	828.5
河 北	5 163.4	6	402.9	7	780.2
山 西	2 763.3	10	207.0	11	749.2
内蒙古	6 420.4	3	635.9	3	990.5
辽 宁	4 205.9	7	411.5	6	978.3
吉 林	6 816.4	2	675.3	2	990.6
黑龙江	9 677.6	1	875.8	1	905.0
上 海	1.0	30	0.1	30	918.9
江 苏	732.5	18	59.8	17	816.0
浙 江	42.0	27	2.4	28	579.2
安 徽	1 814.4	13	133.0	13	733.1
福 建	54.1	26	3.3	26	603.9
江 西	90.9	24	5.3	25	582.2
山 东	5 821.6	4	542.0	4	931.0
河 南	5 796.6	5	473.1	5	816.2
湖 北	1 148.0	15	63.6	16	554.4
湖 南	610.5	20	48.0	21	785.8
广 东	201.0	23	13.1	23	651.3
广 西	924.8	17	55.6	19	601.6
海 南					
重 庆	672.8	19	51.7	20	768.6
四 川	2 799.0	9	219.4	9	784.0
贵 州	1 030.7	16	68.7	15	666.4
云 南	2 915.5	8	209.9	10	719.8
西 藏	7.4	29	0.6	29	831.9
陕 西	1 818.5	12	127.6	14	701.5
甘 肃	1 648.7	14	134.5	12	815.9
青 海	34.2	28	3.0	27	892.5
宁 夏	585.3	21	59.0	18	1 007.6
新 疆	2 156.5	11	264.3	8	1 225.5

大豆

年份	播种面积（万亩）	产量（亿斤）	单产（斤/亩）	进口量（亿斤）	出口量（亿斤）
1978	10 715.6	151.3	141.2		
1980	10 839.5	158.8	146.5		
1985	11 576.6	210.0	181.4		
1990	11 339.4	220.0	194.0		
1991	10 561.5	194.3	183.9		
1992	10 831.4	206.1	190.3		
1993	14 181.2	306.1	215.9		
1994	13 832.7	320.0	231.3		
1995	12 190.1	270.0	221.5	6.0	7.5
1996	11 205.8	264.5	236.0	22.3	3.9
1997	12 519.3	294.6	235.3	57.7	3.8
1998	12 750.3	303.0	237.7	63.9	3.4
1999	11 943.0	284.9	238.6	86.4	4.1
2000	13 959.9	308.2	220.8	208.4	4.3
2001	14 222.6	308.1	216.6	278.8	5.2
2002	13 079.3	330.1	252.4	226.3	6.1
2003	13 969.4	307.9	220.4	414.9	5.9
2004	14 383.1	348.0	242.0	403.6	7.0
2005	14 386.1	327.0	227.3	531.8	8.3
2006	13 956.6	301.6	216.1	565.7	7.9
2007	13 201.3	255.9	193.8	616.4	9.0
2008	13 838.1	314.2	227.0	748.7	9.7
2009	14 007.9	304.5	217.4	850.9	7.1
2010	13 050.2	308.2	236.2	1 095.7	3.5
2011	12 154.0	297.6	244.8	1 052.8	4.3
2012	11 107.9	268.7	241.9	1 167.7	6.4
2013	10 574.9	248.1	234.7	1 267.5	4.2
2014	10 646.4	253.7	238.3	1 428.0	4.1
2015	10 241.1	247.3	241.5	1 633.9	2.7
2016	11 397.8	271.9	238.6	1 678.3	2.6
2017	12 367.2	305.7	247.1	1 910.5	2.3
2018	12 619.2	319.3	253.1	1 760.6	2.7
2019	13 997.5	361.8	258.5	1 770.2	2.3
2020	14 823.7	392.0	264.5	2 006.6	1.6
2021	12 623.1	327.9	259.8	1 930.4	1.5
2022	15 365.6	405.7	264.0	1 792.4	2.4
2023	15 710.8	416.8	265.3	1 972.2	1.5

大豆（续表）

年份	消费量（亿斤）	人均产量（斤）	豆类人均消费量（斤）	国内价格（元/斤）	国际价格（元/斤）
1978		15.8			
1980		16.2			
1985		20.0			
1990		19.4			
1991		16.9			
1992		17.7			
1993		26.0			
1994		26.8			
1995		22.4			
1996		21.7			
1997		24.0			
1998		24.4			
1999		22.7			
2000		24.4			
2001		24.2			
2002		25.8			
2003		23.9		1.34	1.41
2004		26.9		1.56	1.65
2005		25.1		1.38	1.41
2006		23.0		1.27	1.28
2007		19.4		1.70	1.77
2008		23.7		2.31	2.33
2009		22.9		1.82	1.83
2010		23.0		1.93	1.85
2011		22.1		2.04	2.04
2012		19.8		2.26	2.21
2013		18.2	15.0	2.40	2.20
2014	1 668	18.5	15.0	2.42	1.95
2015	1 791	17.9	15.6	2.25	1.56
2016	1 925	19.6	16.6	2.15	1.68
2017	2 102	21.9	16.0	2.23	1.73
2018	2 094	22.8	16.6	2.03	1.71
2019	2 044	25.7	18.6	2.05	1.61
2020	2 346	27.8	20.0	2.64	1.68
2021	2 228	23.2	20.6	3.08	2.23
2022	2 171	28.7	20.6	3.23	2.58
2023	2 215	29.5	21.8	2.85	2.31

注：1. 大豆消费量数据为专家估计数，来自《中国农业展望报告》。

2. 国内价格为山东国产大豆入厂价；国际价格为青岛港口的大豆到岸税后价。

大豆（续表）

年份	进口金额（亿美元）	出口金额（亿美元）	每斤总成本（元）	每斤纯收益（元）
1978				
1980				
1985				
1990				
1991				
1992				
1993				
1994				
1995	0.8	1.0		
1996	3.2	0.7		
1997	8.5	0.7		
1998	8.1	0.7		
1999	8.9	0.6		
2000	22.7	0.7		
2001	28.1	0.8		
2002	24.8	0.9		
2003	54.2	1.0		
2004	69.6	1.5	0.94	0.47
2005	77.8	1.8	0.99	0.30
2006	74.9	1.5	1.00	0.25
2007	114.7	2.0	1.29	0.78
2008	218.2	3.7	1.22	0.62
2009	187.9	2.4	1.43	0.41
2010	250.9	1.3	1.42	0.51
2011	298.3	1.7	1.63	0.41
2012	349.9	2.8	1.93	0.43
2013	379.9	2.0	2.22	0.12
2014	402.7	2.0	2.28	−0.09
2015	348.3	1.3	2.39	−0.41
2016	339.8	1.1	2.75	−0.85
2017	396.4	0.9	2.34	−0.46
2018	380.6	1.0	2.57	−0.74
2019	353.4	0.9	2.62	−0.74
2020	395.3	0.7	2.65	−0.22
2021	535.4	0.9	2.76	0.15
2022	603.1	1.4	3.01	−0.13
2023	592.1	0.9	3.16	−0.61

大豆（续表）

年份	亩均总成本（元）	亩均纯收益（元）	机耕面积（万亩）	机播面积（万亩）	机收面积（万亩）
1978					
1980					
1985					
1990					
1991					
1992					
1993					
1994					
1995					
1996					
1997					
1998					
1999					
2000					
2001					
2002					
2003					
2004	253.1	127.1			
2005	270.5	81.5			5 188.1
2006	267.5	67.8			5 526.5
2007	291.8	175.2			5 835.0
2008	348.0	178.5	9 197.1	8 832.9	6 671.8
2009	378.2	107.5	10 056.3	10 199.1	7 951.6
2010	431.2	155.2	9 689.9	9 660.1	7 992.8
2011	488.8	122.0	8 241.3	8 425.7	7 050.5
2012	578.2	128.6	6 770.1	6 880.7	5 882.1
2013	625.9	33.7	6 317.2	6 404.5	5 564.8
2014	667.3	−25.7	6 535.6	6 604.9	5 995.0
2015	674.7	−115.1	6 307.2	6 300.6	5 654.7
2016	678.4	−209.8	7 739.9	7 751.8	7 212.0
2017	668.8	−130.9	9 682.6	9 576.7	9 021.4
2018	666.3	−192.0	9 372.0	9 195.6	8 595.0
2019	686.3	−194.1	10 784.3	10 516.3	9 958.5
2020	720.5	60.3	11 908.2	11 331.6	10 869.8
2021	780.8	42.2	10 293.3	9 718.7	9 268.8
2022	885.1	−39.7	12 709.9	12 114.9	11 692.8
2023	944.3	−182.4	12 341.9	12 507.1	12 063.1

大豆（续表）

年份	耕种收综合机械化率（%）	面积占世界比重（%）	面积在世界位次	产量占世界比重（%）
1978		15.4	3	10.0
1980		14.3	3	9.8
1985		14.5	3	10.4
1990		13.2	3	10.1
1991		12.8	3	9.4
1992		12.9	3	9.0
1993		15.9	3	13.3
1994		14.8	3	11.7
1995		13.0	3	10.6
1996		12.2	3	10.2
1997		12.5	3	10.2
1998		12.0	3	9.5
1999		11.1	4	9.0
2000		12.5	3	9.6
2001		12.4	4	8.7
2002		11.1	4	9.1
2003		11.1	4	8.1
2004		10.5	4	8.5
2005		10.4	4	7.6
2006		9.8	4	6.8
2007		9.7	5	5.8
2008	60.9	9.5	5	6.7
2009	68.7	9.3	5	6.7
2010	73.2	8.3	5	5.7
2011	63.2	7.6	5	5.5
2012	69.8	6.8	5	5.4
2013	62.9	6.1	5	4.3
2014	65.4	5.8	5	4.0
2015	65.9	5.4	5	3.6
2016	72.1	5.8	5	3.8
2017	84.7	5.9	5	3.7
2018	84.1	6.4	5	4.1
2019	85.5	7.0	5	4.7
2020	86.7	7.8	5	5.5
2021	87.0	6.5	5	4.4
2022	88.0	7.7	5	5.8
2023	88.4			

大豆（续表）

年份	产量在世界位次	单产比世界（世界为1）	单产在世界位次	人均产量比世界（世界为1）
1978	3	0.65	40	0.45
1980	3	0.69	37	0.44
1985	3	0.71	36	0.48
1990	3	0.77	38	0.47
1991	4	0.74	44	0.44
1992	4	0.70	41	0.42
1993	3	0.84	34	0.62
1994	3	0.79	31	0.55
1995	3	0.82	33	0.50
1996	3	0.83	32	0.48
1997	3	0.82	33	0.49
1998	4	0.79	29	0.45
1999	4	0.82	33	0.43
2000	4	0.76	32	0.46
2001	4	0.70	36	0.42
2002	4	0.83	33	0.45
2003	4	0.73	33	0.40
2004	4	0.81	31	0.42
2005	4	0.74	42	0.38
2006	4	0.70	41	0.34
2007	4	0.60	48	0.29
2008	4	0.71	42	0.34
2009	4	0.72	47	0.34
2010	4	0.69	38	0.29
2011	4	0.82	33	0.29
2012	5	0.79	34	0.28
2013	4	0.70	41	0.23
2014	4	0.69	44	0.21
2015	4	0.68	37	0.19
2016	5	0.65	43	0.20
2017	4	0.63	41	0.20
2018	4	0.64	43	0.22
2019	4	0.67	41	0.26
2020	4	0.71	40	0.31
2021	4	0.68	44	0.25
2022	4	0.76	37	0.33

分地区大豆生产情况 2023

地区	播种面积（万亩）	位次	产量（亿斤）	位次	单产（斤/亩）
北京	6.4	27	0.2	27	297.5
天津	8.5	26	0.3	26	304.7
河北	170.4	17	4.9	16	287.6
山西	175.5	16	4.0	19	228.6
内蒙古	1 852.9	2	48.9	2	263.8
辽宁	184.1	14	5.6	14	304.6
吉林	493.2	6	14.9	6	301.9
黑龙江	7 330.3	1	185.6	1	253.1
上海	0.9	29	0.03	29	314.1
江苏	338.0	10	12.5	8	369.2
浙江	121.5	20	4.3	18	355.7
安徽	947.3	3	19.6	4	206.4
福建	53.7	24	2.0	23	376.8
江西	169.1	18	5.9	13	347.7
山东	348.6	9	12.8	7	367.0
河南	571.2	5	18.5	5	324.5
湖北	363.3	7	8.6	9	235.6
湖南	209.6	13	7.6	10	362.4
广东	53.8	23	1.9	24	358.6
广西	165.1	19	3.5	21	210.2
海南	2.7	28	0.1	28	270.3
重庆	177.6	15	4.9	17	275.0
四川	831.0	4	24.9	3	300.0
贵州	357.5	8	5.4	15	152.2
云南	262.8	12	6.8	11	260.1
西藏	0.008	30	0.000 1	30	163.5
陕西	265.5	11	6.3	12	238.9
甘肃	93.0	22	2.3	22	247.8
青海					
宁夏	40.9	25	0.7	25	165.4
新疆	116.3	21	3.9	20	332.8

薯类

年份	播种面积（万亩）	产量（亿斤）	单产（斤/亩）	人均产量（斤）
1978	17 694.4	634.8	358.8	66.4
1980	15 230.2	574.5	377.2	58.5
1985	12 857.5	520.7	405.0	49.5
1990	13 681.1	548.7	401.0	48.3
1991	13 617.4	543.2	398.9	47.2
1992	13 584.8	568.8	418.7	48.8
1993	13 830.5	636.2	460.0	54.0
1994	13 905.5	605.1	435.1	50.8
1995	14 278.2	652.5	457.0	54.2
1996	14 696.2	707.2	481.2	58.1
1997	14 677.3	638.5	435.0	51.9
1998	14 999.8	720.8	480.6	58.0
1999	15 532.1	728.1	468.8	58.1
2000	15 807.4	737.0	466.3	58.4
2001	15 324.9	712.6	465.0	56.0
2002	14 822.0	733.2	494.7	57.3
2003	14 552.6	702.7	482.8	54.5
2004	14 185.2	711.5	501.6	54.9
2005	14 254.5	693.7	486.7	53.2
2006	11 815.8	540.3	457.2	41.2
2007	11 853.2	548.4	462.6	41.6
2008	12 086.2	568.6	470.5	42.9
2009	12 131.3	558.6	460.4	42.0
2010	12 031.4	568.5	472.5	42.5
2011	11 996.8	584.9	487.5	43.5
2012	11 731.1	576.6	491.5	42.6
2013	11 590.7	571.1	492.7	41.9
2014	11 316.7	559.8	494.6	40.8
2015	10 957.2	545.9	498.2	39.6
2016	10 861.7	545.3	502.0	39.3
2017	10 759.8	559.7	520.2	40.1
2018	10 770.6	573.1	532.1	40.9
2019	10 712.9	576.5	538.2	41.0
2020	10 815.7	597.5	552.4	42.3
2021	11 000.1	608.7	553.4	43.1
2022	10 778.0	595.5	552.5	42.2
2023	10 572.0	602.8	570.2	42.7

注：薯类（马铃薯和甘薯）产量以鲜薯5∶1折算。

分地区薯类生产情况 2023

地 区	播种面积（万亩）	位次	产量（亿斤）	位次	单产（斤/亩）
北 京	3. 1	29	0. 2	29	762. 2
天 津	3. 4	28	0. 3	28	1 004. 2
河 北	349. 5	10	30. 8	6	882. 0
山 西	269. 1	14	12. 1	15	448. 7
内蒙古	371. 1	9	26. 0	7	701. 3
辽 宁	81. 2	22	4. 8	21	590. 1
吉 林	42. 1	26	3. 6	26	852. 8
黑龙江	44. 6	25	2. 9	27	660. 4
上 海	0. 2	31	0. 01	31	849. 4
江 苏	50. 1	24	4. 5	23	891. 6
浙 江	119. 0	18	8. 5	18	715. 7
安 徽	97. 2	21	4. 1	24	419. 9
福 建	234. 4	15	17. 2	14	734. 4
江 西	232. 2	16	11. 8	16	507. 8
山 东	188. 6	17	21. 5	12	1 141. 9
河 南	302. 0	12	23. 7	8	785. 6
湖 北	497. 4	6	22. 2	10	446. 5
湖 南	284. 1	13	20. 1	13	708. 6
广 东	330. 5	11	22. 0	11	664. 9
广 西	404. 7	8	11. 0	17	273. 0
海 南	60. 9	23	3. 6	25	589. 4
重 庆	980. 2	3	56. 7	2	578. 8
四 川	1 808. 7	1	105. 3	1	582. 2
贵 州	1 304. 4	2	56. 6	3	433. 6
云 南	920. 0	4	48. 3	4	524. 5
西 藏	2. 2	30	0. 1	30	389. 8
陕 西	483. 8	7	23. 7	9	489. 3
甘 肃	852. 9	5	44. 4	5	520. 8
青 海	101. 7	20	6. 0	20	586. 3
宁 夏	116. 2	19	6. 0	19	516. 4
新 疆	36. 7	27	4. 7	22	1 268. 9

马铃薯

年份	播种面积（万亩）	产量（亿斤）	单产（斤/亩）	人均产量（斤）	机耕面积（万亩）	机播面积（万亩）	机收面积（万亩）	耕种收综合机械化率（%）
1978								
1980								
1985	3 716.3	107.0	287.9	10.2				
1990	4 297.8	129.7	301.7	11.4				
1991	4 318.9	121.6	281.6	10.6				
1992	4 492.1	151.8	337.9	13.0				
1993	4 630.7	184.2	397.7	15.6				
1994	4 811.6	175.2	364.1	14.7				
1995	5 150.9	182.9	355.0	15.2				
1996	5 604.4	212.2	378.6	17.4				
1997	5 735.9	229.1	399.3	18.6				
1998	6 096.3	225.0	369.1	18.1				
1999	6 626.5	224.4	338.7	17.9				
2000	7 084.8	265.1	374.2	21.0				
2001	7 078.2	258.3	364.9	20.3				
2002	7 001.2	280.8	401.0	21.9				
2003	6 783.4	272.4	401.5	21.1				
2004	6 895.0	288.8	418.9	22.3				
2005	7 319.7	283.5	387.3	21.7				
2006	6 317.0	257.9	408.3	19.7				
2007	6 541.2	255.1	390.0	19.4				
2008	6 777.1	274.3	404.7	20.7	2 570.2	746.4	699.6	20.9
2009	7 267.8	279.3	384.4	21.0	2 985.1	986.0	935.4	23.2
2010	7 328.6	306.1	417.7	22.9	3 370.2	1 190.7	1 072.7	26.6
2011	7 517.0	326.3	434.1	24.3	3 902.4	1 598.7	1 438.0	32.3
2012	7 546.2	337.4	447.2	24.9	4 085.4	1 742.7	1 579.4	34.2
2013	7 538.6	343.5	455.7	25.2	4 326.7	1 940.9	1 751.4	37.3
2014	7 365.6	336.6	457.0	24.5	4 559.3	1 980.1	1 874.8	37.8
2015	7 178.4	329.1	458.4	23.9	4 645.8	2 082.9	2 000.3	40.0
2016	7 203.6	339.7	471.6	24.5	5 049.7	2 192.5	2 084.7	40.7
2017	7 289.9	353.9	485.5	25.3	5 489.4	2 108.6	2 018.7	38.4
2018	7 137.1	359.7	503.9	25.6	5 167.7	1 927.8	1 945.2	42.6
2019	7 009.5	355.6	507.3	25.3	5 234.9	1 948.6	1 947.6	46.5
2020	6 984.1	359.7	515.0	25.5	5 399.9	1 996.4	1 993.5	48.2
2021	6 948.8	358.1	515.4	25.4	5 643.0	2 068.5	2 165.3	50.8
2022	6 802.2	357.7	525.8	25.3	5 803.2	2 082.6	2 273.9	53.3
2023	6 681.2	360.7	539.9	25.6	5 963.1	2 241.0	2 477.9	56.9

分地区马铃薯生产情况 2023

地　区	播种面积（万亩）	位次	产量（亿斤）	位次	单产（斤/亩）
北　京					
天　津	0.3	25	0.02	25	666.7
河　北	241.7	9	22.2	7	919.5
山　西	238.7	10	10.6	10	443.3
内蒙古	370.1	8	26.0	5	701.5
辽　宁	52.8	17	3.0	18	564.4
吉　林	38.0	21	3.3	17	864.3
黑龙江	44.4	18	2.9	19	662.2
上　海					
江　苏					
浙　江	40.1	20	2.2	22	549.3
安　徽	6.9	23	0.3	23	463.8
福　建	73.8	15	4.3	14	577.2
江　西	43.2	19	2.9	20	666.7
山　东					
河　南					
湖　北	378.0	7	16.2	9	429.6
湖　南	94.7	13	6.2	11	652.9
广　东	65.4	16	4.3	14	651.4
广　西	81.5	14	2.6	21	319.2
海　南					
重　庆	494.7	5	24.4	6	492.4
四　川	1 034.4	2	58.5	1	565.9
贵　州	1 059.9	1	46.3	2	437.0
云　南	799.7	4	43.8	4	548.2
西　藏	2.3	24	0.1	24	355.6
陕　西	420.8	6	20.4	8	484.8
甘　肃	852.9	3	44.4	3	520.8
青　海	101.7	12	6.0	13	586.0
宁　夏	116.1	11	6.0	12	516.8
新　疆	29.6	22	3.9	16	1 326.6

油料

年份	播种面积（万亩）	产量（亿斤）	单产（斤/亩）	人均产量（斤）	食用植物油进口量（亿斤）	食用植物油出口量（亿斤）	食用植物油人均消费量（斤）
1978	9 333.5	104.4	111.8	10.9			
1980	11 892.7	153.8	129.3	15.7			
1985	17 699.7	315.7	267.5	30.0			
1990	16 350.2	322.6	296.0	28.4			
1991	17 294.5	327.7	284.2	28.5			
1992	17 234.1	328.2	190.5	28.2			
1993	16 713.5	360.8	215.9	30.6			
1994	18 121.4	397.9	219.6	33.4			
1995	19 652.4	450.1	229.0	37.4	72.5	10.3	
1996	18 833.0	442.1	234.8	36.3	53.5	9.6	
1997	18 571.7	431.5	232.3	35.1	56.0	16.5	
1998	19 378.7	462.8	238.8	37.3	41.3	6.1	
1999	20 858.9	520.2	249.4	41.5	42.8	2.0	
2000	23 100.5	591.0	255.8	46.8	37.4	2.2	
2001	21 946.3	573.0	261.1	45.1	33.6	2.7	
2002	22 149.5	579.4	261.6	45.3	64.2	2.0	
2003	22 485.0	562.2	250.0	43.6	108.4	1.2	
2004	21 646.1	613.2	283.3	47.3	135.1	1.3	
2005	21 476.6	615.4	286.6	47.2	124.1	4.6	
2006	17 607.6	528.1	299.9	40.3	135.5	8.0	
2007	18 515.5	557.4	301.0	42.3	168.0	3.4	
2008	19 848.8	607.4	306.0	45.8	163.4	5.0	
2009	20 166.9	627.9	311.3	47.2	190.1	2.3	
2010	20 543.1	631.4	307.3	47.2	165.2	1.9	
2011	20 206.8	642.5	318.0	47.8	156.0	2.5	
2012	20 152.4	657.1	326.1	48.5	192.0	2.0	
2013	20 156.9	657.5	326.2	48.2	184.4	2.3	19.8
2014	20 092.0	674.4	335.6	49.2	157.5	2.7	19.6
2015	19 971.6	678.1	339.5	49.1	167.8	2.7	20.0
2016	19 786.7	680.2	343.7	49.0	137.7	2.3	20.0
2017	19 834.7	695.0	350.4	49.8	148.6	4.0	19.6
2018	19 308.6	686.7	355.6	49.0	161.7	5.9	17.8
2019	19 388.1	698.6	360.3	49.6	230.5	5.4	17.8
2020	19 693.7	717.3	364.2	50.8	223.9	3.4	19.6
2021	19 653.4	722.6	367.7	51.2	226.3	2.4	20.2
2022	19 711.0	730.8	370.8	51.8	145.3	3.4	18.8
2023	20 883.3	772.7	370.0	54.8	203.7	4.0	18.8

油料（续表）

年份	菜籽油国内价格（元/斤）	棕榈油国际价格（美元/吨）	食用植物油进口金额（亿美元）	食用植物油出口金额（亿美元）	两种油料每斤总成本（元）	两种油料每斤纯收益（元）	两种油料亩均总成本（元）	两种油料亩均纯收益（元）
1978								
1980								
1985								
1990								
1991								
1992								
1993								
1994								
1995			23.7	4.1				
1996			15.1	3.2				
1997			15.3	5.5				
1998			13.0	2.2				
1999			11.1	0.8				
2000			6.6	0.7				
2001			4.9	0.7				
2002			13.2	0.6				
2003			25.9	0.6				
2004			36.7	0.7	1.04	0.57	368.8	201.3
2005			28.1	1.8	1.15	0.30	384.6	101.5
2006			31.8	2.7	1.14	0.53	407.8	187.7
2007			62.5	1.7	1.29	1.12	459.1	400.8
2008	7.3	946.7	89.9	4.1	1.48	0.78	535.5	282.2
2009	5.7	679.4	66.7	1.6	1.53	0.81	557.4	294.3
2010	6.1	902.5	71.6	1.3	1.88	0.74	644.6	253.0
2011	6.9	1 123.6	90.1	2.1	2.09	1.00	773.1	372.0
2012	7.3	996.5	108.0	1.9	2.56	0.80	949.6	296.5
2013	7.7	857.2	89.4	2.0	2.74	0.03	1 080.5	13.3
2014	7.6	816.2	70.5	2.1	2.97	−0.02	1 107.6	−9.0
2015	7.5	615.2	59.9	1.9	3.01	−0.21	1 152.4	−81.7
2016	7.6	704.0	50.5	1.6	2.98	−0.08	1 167.6	−30.2
2017	7.8	719.3	56.8	2.4	2.94	−0.19	1 167.4	−75.1
2018	7.9	596.1	58.6	3.1	2.91	−0.20	1 164.7	−80.0
2019	8.2	566.2	74.1	2.8	2.99	0.24	1 169.7	184.1
2020	8.4	709.9	87.2	2.0	2.99	0.40	1 189.5	158.6
2021	8.3	1 027.9	115.7	2.0	3.10	0.32	1 192.3	121.5
2022	8.4	1 346.0	95.5	3.2	3.09	0.63	1 244.0	254.8
2023	7.7	960.4	106.2	3.0	3.28	0.42	1 286.5	163.0

注：1. 国内价格为农业农村部监测的 300 个价格网点县集贸市场价格；国际价格为马来西亚棕榈油荷兰鹿特丹港到岸价。

2. 两种油料包括油菜籽和花生。

分地区油料生产情况 2023

地　区	播种面积（万亩）	位次	产量（亿斤）	位次	单产（斤/亩）
北　京	5.3	29	0.2	29	385.7
天　津	2.3	31	0.1	31	361.3
河　北	515.1	12	23.7	11	459.2
山　西	146.9	23	3.6	24	244.1
内蒙古	1 251.3	5	41.2	6	329.5
辽　宁	480.3	14	25.6	9	533.6
吉　林	356.1	19	17.7	14	496.4
黑龙江	68.4	25	3.3	25	482.6
上　海	3.5	30	0.1	30	370.7
江　苏	467.3	15	20.7	13	442.6
浙　江	240.7	20	7.1	21	295.6
安　徽	965.2	7	37.8	7	391.6
福　建	127.4	24	4.9	23	382.8
江　西	1 212.4	6	29.6	8	244.4
山　东	941.6	8	56.1	5	596.3
河　南	2 415.4	3	140.6	1	582.1
湖　北	2 351.0	4	79.0	3	335.9
湖　南	2 422.2	2	58.6	4	242.0
广　东	543.2	11	24.2	10	445.6
广　西	423.5	16	16.2	15	381.4
海　南	46.3	26	1.6	26	343.0
重　庆	564.2	10	15.5	16	274.6
四　川	2 593.4	1	87.7	2	338.3
贵　州	910.1	9	22.2	12	243.9
云　南	508.3	13	13.7	17	269.4
西　藏	29.3	28	1.0	27	341.9
陕　西	402.9	18	12.1	19	301.0
甘　肃	416.4	17	12.6	18	303.1
青　海	220.8	21	6.4	22	290.3
宁　夏	45.2	27	0.9	28	203.8
新　疆	207.2	22	8.6	20	416.9

油菜籽

年份	播种面积（万亩）	产量（亿斤）	单产（斤/亩）	人均产量（斤）	进口量（亿斤）
1978	3 899.5	37.4	95.8	3.9	
1980	4 266.1	47.7	111.8	4.9	
1985	6 741.3	112.1	166.3	10.7	
1990	8 255.2	139.2	168.6	12.3	
1991	9 200.0	148.7	161.7	12.9	
1992	8 963.7	153.1	170.8	13.1	
1993	7 950.5	138.8	174.6	11.8	
1994	8 674.8	149.8	172.7	12.6	
1995	10 360.8	195.5	188.7	16.2	1.8
1996	10 100.3	184.0	182.2	15.1	0.008
1997	9 712.7	191.6	197.2	15.6	1.1
1998	9 790.7	166.0	169.6	13.4	27.7
1999	10 348.2	202.6	195.8	16.2	51.9
2000	11 241.3	227.6	202.5	18.0	59.4
2001	10 641.9	226.6	213.0	17.8	34.5
2002	10 715.1	211.0	197.0	16.5	12.4
2003	10 831.4	228.4	210.9	17.7	3.3
2004	10 907.1	263.6	241.7	20.3	8.5
2005	10 917.7	261.0	239.1	20.0	5.9
2006	8 975.6	219.3	244.4	16.7	14.8
2007	9 209.5	227.6	247.2	17.3	16.7
2008	10 257.4	248.1	241.8	18.7	26.1
2009	10 755.5	270.7	251.7	20.3	65.7
2010	10 974.0	255.8	233.1	19.1	32.0
2011	10 787.9	262.7	243.6	19.5	25.2
2012	10 780.0	268.0	248.6	19.8	58.6
2013	10 790.2	272.3	252.8	20.0	73.2
2014	10 737.1	278.3	259.2	20.3	101.6
2015	10 541.5	277.2	262.9	20.1	89.4
2016	9 934.2	262.6	264.3	18.9	71.3
2017	9 979.5	265.5	266.0	19.0	95.0
2018	9 825.9	265.6	270.3	18.9	95.1
2019	9 874.6	269.7	273.1	19.2	54.7
2020	10 147.1	281.0	276.9	19.9	62.3
2021	10 487.4	294.3	280.6	20.8	52.9
2022	10 880.2	310.6	285.5	22.0	39.2
2023	11 706.8	326.3	278.8	23.1	109.8

油菜籽（续表）

年份	出口量（亿斤）	每斤总成本（元）	每斤纯收益（元）	亩均总成本（元）
1978				
1980				
1985				
1990				
1991				
1992				
1993				
1994				
1995				
1996	0.121			
1997	0.001			
1998	0.022			
1999	0.003			
2000	0.023			
2001	0.001			
2002	0.047			
2003	0.058			
2004	0.005	1.05	0.31	288.5
2005	0.003	1.12	−0.002	295.3
2006	0.003	1.16	0.01	311.4
2007	0.017	1.14	0.61	339.5
2008	0.001	1.44	1.13	393.6
2009	0.004	1.61	0.16	436.4
2010	0.002	1.97	0.03	501.2
2011	0.004	2.22	0.08	587.5
2012	0.007	2.78	−0.31	734.4
2013	0.003	2.99	−0.35	844.2
2014	0.002	3.21	−0.6	871.8
2015	0.002	3.22	−0.92	907.5
2016	0.002	3.54	−1.27	921.2
2017	0.002	3.29	−0.75	922.5
2018	0.002	3.28	−0.69	917.0
2019	0.001	3.22	−0.65	914.7
2020	0.002	3.14	−0.47	929.2
2021	0.003	3.39	−0.38	926.9
2022	0.003	3.35	−0.03	968.9
2023	0.006	3.71	−0.38	980.7

油菜籽（续表）

年份	亩均纯收益（元）	进口金额（亿美元）	出口金额（亿美元）	面积占世界比重（%）	面积在世界位次
1978				23.3	3
1980				25.8	2
1985				30.5	1
1990				31.3	1
1991				30.7	1
1992				29.6	2
1993				26.7	2
1994				25.4	2
1995		0.3	0.005	29.0	1
1996		0.001	0.012	31.1	1
1997		0.2	0.000 2	27.7	2
1998		4.0	0.004	25.3	2
1999		6.3	0.001	24.9	1
2000		6.6	0.004	29.0	1
2001		3.7	0.000 2	31.2	1
2002		1.5	0.007	31.1	1
2003		0.5	0.009	30.7	1
2004	84.6	1.3	0.001	29.1	1
2005	−0.5	0.8	0.001	26.0	2
2006	2.8	2.1	0.001	22.0	2
2007	181.9	3.5	0.003	19.1	3
2008	308.5	7.5	0.002	21.9	1
2009	42.5	13.9	0.006	23.0	1
2010	8.6	7.8	0.001	23.0	1
2011	21.3	8.0	0.004	21.8	2
2012	−81.6	19.6	0.004	21.4	2
2013	−98.3	24.2	0.001	20.6	2
2014	−161.7	28.0	0.002	20.9	2
2015	−259.7	20.4	0.004	20.4	2
2016	−331.0	14.9	0.010	20.2	2
2017	−208.9	21.6	0.002	18.7	2
2018	−192.8	22.3	0.002	17.4	3
2019	−186.0	12.2	0.003	19.3	2
2020	−138.9	13.6	0.005	19.2	3
2021	−103.2	15.4	0.006	18.5	3
2022	−9.8	15.6	0.01	18.2	3
2023	−100.2	37.2	0.02		

油菜籽（续表）

年份	产量占世界比重（%）	产量在世界位次	单产比世界（世界为1）	单产在世界位次	人均产量比世界（世界为1）
1978	17.7	2	0.76	31	0.79
1980	22.2	2	0.86	29	1.00
1985	29.1	1	0.96	26	1.34
1990	28.5	1	0.91	26	1.32
1991	26.7	1	0.87	27	1.24
1992	28.6	1	0.97	32	1.34
1993	26.5	1	0.99	34	1.24
1994	25.2	1	0.99	32	1.19
1995	28.6	1	0.99	29	1.35
1996	30.2	1	0.97	34	1.44
1997	27.3	1	0.99	26	1.30
1998	23.3	1	0.92	37	1.11
1999	23.5	1	0.94	30	1.13
2000	28.8	1	0.99	31	1.39
2001	31.5	1	1.01	31	1.53
2002	29.9	1	0.96	33	1.46
2003	31.8	1	1.04	25	1.56
2004	28.4	1	0.98	31	1.40
2005	26.2	1	1.00	30	1.30
2006	22.5	1	1.02	26	1.13
2007	20.9	1	1.09	29	1.06
2008	21.3	2	0.97	37	1.08
2009	22.0	1	0.95	32	1.12
2010	21.9	1	0.95	36	1.13
2011	21.4	2	0.98	33	1.11
2012	22.3	1	1.04	32	1.17
2013	19.8	2	0.96	38	1.04
2014	19.8	2	0.95	37	1.05
2015	19.7	2	0.97	37	1.05
2016	19.3	2	0.95	37	1.03
2017	17.4	2	0.93	36	0.94
2018	17.7	2	1.02	34	0.96
2019	19.1	2	0.99	39	1.05
2020	19.3	2	1.01	37	1.06
2021	20.6	1	1.12	32	1.15
2022	17.8	2	0.98	33	1.00

分地区油菜籽生产情况 2023

地 区	播种面积（万亩）	位次	产量（亿斤）	位次	单产（斤/亩）
北 京	0.4	27	0.005	28	122.9
天 津	1.0	26	0.027	26	262.5
河 北	54.5	17	1.3	17	232.5
山 西	28.8	20	0.6	20	201.5
内蒙古	395.4	9	7.6	12	191.1
辽 宁	0.3	28	0.007	27	244.2
吉 林	0.005	30	0.000 2	30	355.6
黑龙江	0.2	29	0.003	29	190.0
上 海	3.3	25	0.1	25	372.5
江 苏	313.3	10	12.3	7	391.3
浙 江	206.9	15	5.9	15	284.4
安 徽	704.6	6	22.1	4	313.9
福 建	13.6	22	0.3	22	193.8
江 西	889.2	4	17.3	6	194.1
山 东	13.4	23	0.5	21	348.8
河 南	291.3	11	9.2	10	314.3
湖 北	1 833.4	3	57.2	2	312.1
湖 南	2 222.1	1	51.8	3	232.9
广 东	7.7	24	0.2	24	200.6
广 西	65.8	16	0.8	19	125.3
海 南					
重 庆	446.7	7	12.1	8	271.7
四 川	2 120.8	2	70.9	1	334.2
贵 州	839.0	5	19.9	5	237.0
云 南	424.7	8	11.6	9	272.2
西 藏	29.3	19	1.0	18	341.8
陕 西	276.0	12	8.0	11	290.3
甘 肃	241.1	13	7.5	13	312.3
青 海	219.4	14	6.4	14	291.1
宁 夏	15.0	21	0.2	23	144.4
新 疆	49.9	18	1.8	16	366.5

花生

年份	播种面积（万亩）	产量（亿斤）	单产（斤/亩）	人均产量（斤）	每斤总成本（元）
1978	2 652. 2	47. 5	179. 2	5. 0	
1980	3 508. 6	72. 0	205. 2	7. 3	
1985	4 977. 5	133. 3	267. 7	12. 7	
1990	4 360. 6	127. 4	292. 1	11. 2	
1991	4 319. 9	126. 1	291. 8	11. 0	
1992	4 463. 9	119. 1	266. 7	10. 2	
1993	5 069. 1	168. 4	332. 3	14. 3	
1994	5 663. 6	193. 6	341. 9	16. 2	
1995	5 714. 1	204. 7	358. 2	17. 0	
1996	5 423. 5	202. 8	373. 9	16. 7	
1997	5 582. 4	193. 0	345. 7	15. 7	
1998	6 058. 7	237. 7	392. 4	19. 1	
1999	6 402. 3	252. 8	394. 8	20. 2	
2000	7 283. 3	288. 7	396. 4	22. 9	
2001	7 487. 0	288. 3	385. 1	22. 7	
2002	7 380. 9	296. 4	401. 5	23. 1	
2003	7 585. 2	268. 4	353. 8	20. 8	
2004	7 117. 7	286. 8	403. 0	22. 1	1. 03
2005	6 993. 4	286. 8	410. 1	22. 0	1. 16
2006	5 933. 7	257. 7	434. 4	19. 7	1. 14
2007	6 192. 1	276. 3	446. 2	21. 0	1. 39
2008	6 543. 1	292. 7	447. 4	22. 1	1. 51
2009	6 422. 1	292. 1	454. 8	21. 9	1. 48
2010	6 560. 8	302. 7	461. 4	22. 6	1. 84
2011	6 504. 3	306. 0	470. 5	22. 8	2. 01
2012	6 601. 2	315. 8	478. 5	23. 3	2. 43
2013	6 594. 1	322. 2	488. 6	23. 6	2. 59
2014	6 554. 6	318. 0	485. 2	23. 2	2. 84
2015	6 578. 3	319. 2	485. 3	23. 1	2. 89
2016	6 672. 6	327. 2	490. 4	23. 6	2. 70
2017	6 911. 5	341. 8	494. 6	24. 5	2. 76
2018	6 929. 5	346. 6	500. 2	24. 7	2. 72
2019	6 950. 2	350. 4	504. 1	24. 9	2. 86
2020	7 096. 3	359. 9	507. 1	25. 5	2. 90
2021	7 207. 9	366. 2	508. 1	25. 9	2. 94
2022	7 025. 7	366. 6	521. 8	26. 0	2. 94
2023	7 196. 8	384. 6	534. 4	27. 3	3. 07

花生（续表）

年份	每斤纯收益（元）	亩均总成本（元）	亩均纯收益（元）	面积占世界比重（%）	面积在世界位次
1978				9.3	2
1980				12.7	2
1985				18.0	2
1990				14.7	2
1991				14.0	2
1992				14.4	2
1993				16.1	2
1994				17.2	2
1995				17.3	2
1996				16.2	2
1997				16.6	2
1998				17.4	2
1999				18.7	2
2000				20.9	2
2001				21.6	2
2002				21.5	2
2003				22.1	2
2004	0.73	448.8	318.2	20.1	2
2005	0.50	473.7	203.6	19.3	2
2006	0.84	503.9	372.9	18.4	2
2007	1.49	578.4	620.0	17.3	2
2008	0.57	677.1	256.4	17.5	2
2009	1.19	678.0	546.4	18.1	2
2010	1.16	788.0	497.3	17.3	2
2011	1.52	958.7	722.8	18.3	2
2012	1.41	1 164.1	675.2	18.1	2
2013	0.25	1 317.1	124.6	17.0	2
2014	0.30	1 343.4	143.8	16.9	2
2015	0.20	1 396.8	96.7	16.6	2
2016	0.52	1 414.0	270.4	16.3	2
2017	0.11	1 412.9	58.1	16.3	2
2018	0.06	1 412.9	32.2	16.2	1
2019	0.75	1 424.7	371.1	15.2	2
2020	0.92	1 448.9	457.1	14.6	2
2021	0.70	1 458.3	345.6	14.5	2
2022	1.01	1 518.8	519.7	14.5	2
2023	0.82	1 592.3	426.2		

花生（续表）

年份	产量占世界比重（%）	产量在世界位次	单产比世界（世界为 1）	单产在世界位次	人均产量比世界（世界为 1）
1978	12.9	2	1.39	25	0.58
1980	21.3	2	1.67	21	0.96
1985	31.8	1	1.77	14	1.46
1990	27.6	2	1.87	16	1.28
1991	26.7	2	1.90	15	1.24
1992	24.3	2	1.68	19	1.14
1993	32.3	1	2.01	13	1.52
1994	33.7	1	1.96	14	1.59
1995	35.7	1	2.07	12	1.69
1996	32.6	1	2.01	13	1.55
1997	32.9	1	1.98	11	1.57
1998	35.1	1	2.02	12	1.68
1999	39.6	1	2.11	12	1.90
2000	41.5	1	1.98	11	2.00
2001	40.2	1	1.86	13	1.95
2002	45.0	1	2.09	12	2.20
2003	37.0	1	1.67	19	1.82
2004	39.4	1	1.96	14	1.95
2005	37.2	1	1.92	13	1.85
2006	38.1	1	2.08	13	1.91
2007	34.7	1	2.00	12	1.75
2008	36.9	1	2.11	13	1.87
2009	39.4	1	2.17	12	2.02
2010	36.0	1	2.08	9	1.86
2011	39.3	1	2.15	11	2.03
2012	40.0	1	2.20	12	2.09
2013	36.6	1	2.15	15	1.93
2014	36.1	1	2.14	13	1.92
2015	36.1	1	2.17	14	1.93
2016	36.7	1	2.25	13	1.97
2017	36.0	1	2.21	12	1.95
2018	37.7	1	2.33	15	2.05
2019	35.9	1	2.36	14	1.97
2020	33.5	1	2.30	13	1.85
2021	33.9	1	2.35	14	1.90
2022	33.8	1	2.32	11	1.90

分地区花生生产情况 2023

地 区	播种面积（万亩）	位次	产量（亿斤）	位次	单产（斤/亩）
北 京	4.1	25	0.2	25	442.8
天 津	0.9	26	0.042	26	446.6
河 北	349.4	8	18.8	5	539.1
山 西	8.6	24	0.3	24	402.9
内蒙古	67.2	17	3.7	15	557.2
辽 宁	475.9	4	25.4	3	534.5
吉 林	340.3	9	17.3	7	507.2
黑龙江	41.7	21	2.7	17	642.4
上 海	0.2	28	0.006	28	378.4
江 苏	142.7	13	8.1	12	570.6
浙 江	24.4	22	1.0	23	414.8
安 徽	221.7	11	14.7	10	661.0
福 建	113.3	14	4.6	14	406.0
江 西	273.5	10	11.6	11	422.6
山 东	919.9	2	55.4	2	601.8
河 南	1 960.6	1	127.8	1	651.7
湖 北	384.3	6	18.6	6	484.5
湖 南	178.3	12	6.4	13	361.3
广 东	530.3	3	23.9	4	450.9
广 西	349.5	7	15.1	9	432.0
海 南	45.3	20	1.6	21	347.1
重 庆	99.0	15	3.0	16	305.1
四 川	459.0	5	16.5	8	360.4
贵 州	60.9	18	2.1	19	341.5
云 南	68.0	16	1.8	20	270.9
西 藏	0.042	29	0.002	29	416.9
陕 西	55.5	19	2.3	18	415.5
甘 肃	0.2	27	0.01	27	501.2
青 海					
宁 夏	0.006	30	·	30	387.1
新 疆	22.2	23	1.5	22	691.1

棉花

年份	播种面积（万亩）	产量（万吨）	单产（斤/亩）	进口量（万吨）	出口量（万吨）
1978	7 299.6	216.7	59.4		
1980	7 380.4	270.7	73.3		
1985	7 710.5	414.7	107.6		
1990	8 382.2	450.8	107.6		
1991	9 807.7	567.5	115.7		
1992	10 252.5	450.8	87.9		
1993	7 478.1	373.9	100.0		
1994	8 292.0	434.1	104.7		
1995	8 132.4	476.8	117.2	100.3	3.0
1996	7 083.3	420.3	118.7	75.1	1.2
1997	6 737.0	460.3	136.6	84.9	0.7
1998	6 689.1	450.1	134.6	31.0	5.2
1999	5 588.4	382.9	137.0	16.4	24.4
2000	6 061.8	441.7	145.7	25.1	29.9
2001	7 214.7	532.4	147.6	19.7	6.1
2002	6 276.3	491.6	156.7	24.5	15.9
2003	7 665.8	486.0	126.8	107.5	11.7
2004	8 539.3	632.4	148.1	211.3	1.2
2005	7 592.7	571.4	150.5	274.7	0.9
2006	8 723.5	753.3	172.7	398.1	1.6
2007	7 798.0	759.7	194.8	274.2	2.5
2008	7 917.1	723.2	182.7	226.4	2.4
2009	6 727.1	623.6	185.4	176.0	1.0
2010	6 549.0	577.0	176.2	313.0	0.7
2011	6 786.0	651.9	192.1	356.8	2.8
2012	6 539.4	660.8	202.1	541.3	2.3
2013	6 243.2	628.2	201.2	450.0	0.8
2014	6 264.7	629.9	201.1	266.9	1.4
2015	5 662.5	590.7	208.7	175.9	3.0
2016	4 797.5	534.3	222.7	124.0	0.8
2017	4 792.1	565.3	235.9	136.3	2.1
2018	5 031.6	610.3	242.6	162.7	5.1
2019	5 008.9	588.9	235.1	193.7	5.5
2020	4 753.4	591.0	248.7	223.2	0.6
2021	4 542.3	573.1	252.3	234.2	1.0
2022	4 500.5	598.0	265.8	202.6	3.4
2023	4 182.2	561.8	268.7	203.0	0.7
2024	4 257.4	616.4	289.6		

注：2024 年棉花播种面积和产量数据为 2024 年 12 月 25 日国家统计局发布的最新数据。

棉花（续表）

年份	消费量（万吨）	人均产量（斤）	国内价格（元/吨）	国际价格（元/吨）
1978		4.5		
1980		5.5		
1985		7.9		
1990		7.9		
1991		9.9		
1992		7.7		
1993		6.3		
1994		7.3		
1995		7.9		
1996		6.9		
1997		7.5		
1998		7.2		
1999		6.1		
2000		7.0		
2001		8.4		
2002		7.7		
2003		7.5	13 794.2	
2004		9.8	13 794.2	
2005		8.8	13 065.9	
2006		11.5	13 788.2	
2007		11.5	13 424.4	13 507.7
2008		10.9	13 092.3	13 812.3
2009		9.4	12 801.7	12 877.2
2010		8.6	19 379.9	19 151.5
2011		9.7	23 843.8	26 810.8
2012		9.8	18 916.2	15 581.1
2013		9.2	19 361.7	15 664.6
2014	837	9.2	17 147.6	15 074.4
2015	736	8.6	13 238.5	11 331.1
2016	754	7.7	13 677.5	12 656.1
2017	822	8.1	15 924.7	14 445.5
2018	840	8.7	15 875.4	15 144.8
2019	813	8.4	14 257.8	13 385.7
2020	740	8.4	12 941.4	14 039.1
2021	800	8.1	17 799.9	16 719.5
2022	760	8.5	18 961.8	21 103.8
2023	754	8.0	16 727.0	16 606.1

注：1. 棉花消费量数据为专家估计数，来自《中国农业展望报告》。

2. 国内价格为中国棉花价格指数（CCIndex）3128B级棉花销售价格；国际价格为进口棉价格指数（FCIndex）M级棉花到岸税后价（滑准税下）。

棉花（续表）

年份	临时收储价格/目标价格（元/吨）	进口金额（亿美元）	出口金额（亿美元）	每吨总成本（元）	每吨纯收益（元）
1978					
1980					
1985					
1990					
1991					
1992					
1993					
1994					
1995		14.9	0.5		
1996		12.8	0.1		
1997		14.1	·		
1998		3.8	0.6		
1999		1.0	2.9		
2000		1.4	3.1		
2001		1.2	0.8		
2002		2.0	1.7		
2003		12.2	1.3		
2004		32.4	0.2	8 388.4	2 518.0
2005		32.5	0.1	9 213.6	3 857.2
2006		49.8	0.3	8 754.0	3 376.8
2007		35.8	0.4	9 348.4	3 755.8
2008		35.7	0.4	10 614.8	−164.2
2009		22.1	0.2	10 445.2	2 848.8
2010		58.5	0.1	14 206.2	10 559.0
2011	19 800	96.8	0.8	15 997.4	2 053.6
2012	20 400	120.0	0.4	18 007.6	234.6
2013	20 400	87.2	0.2	20 717.8	−2 045.4
2014	19 800	51.6	0.3	19 074.0	−5 746.2
2015	19 100	27.2	0.5	19 928.0	−8 025.0
2016	18 600	17.8	0.2	18 726.8	−3 964.4
2017	18 600	23.6	0.4	18 459.0	−3 724.4
2018	18 600	32.0	1.0	18 263.6	−3 699.8
2019	18 600	36.0	0.9	17 098.0	−4 988.0
2020	18 600	35.7	0.1	15 456.2	−1 604.4
2021	18 600	41.9	0.2	16 172.4	6 071.8
2022	18 600	53.0	1.1	14 132.2	−1 327.2
2023	18 600	42.0	0.2	15 189.8	1 175.2

注：2014 年起国家实行棉花目标价格政策，相应数据为当年目标价格水平，之前为当年临时收储价格。

棉花（续表）

年份	亩均总成本（元）	亩均纯收益（元）	机耕面积（万亩）	机播面积（万亩）	机收面积（万亩）
1978					
1980					
1985					
1990					
1991					
1992					
1993					
1994					
1995					
1996					
1997					
1998					
1999					
2000					
2001					
2002					
2003					
2004	743.1	223.1			
2005	791.5	331.4			
2006	870.4	335.7			
2007	965.6	387.9			
2008	1 080.0	−16.7	5 960.7	4 305.1	153.3
2009	1 131.4	308.6	5 707.7	4 024.2	208.7
2010	1 323.9	984.0	5 879.4	4 025.5	279.9
2011	1 577.5	202.5	6 017.1	4 337.0	429.6
2012	1 939.7	25.3	6 178.5	4 412.5	424.3
2013	2 177.5	−215.0	6 061.5	4 274.1	729.4
2014	2 278.6	−686.4	6 896.1	5 480.8	991.7
2015	2 288.4	−921.6	5 912.3	4 633.1	1 056.9
2016	2 306.6	−488.3	5 380.1	4 245.2	1 145.6
2017	2 330.8	−470.3	5 089.2	4 228.6	1 551.0
2018	2 275.2	−460.9	5 182.3	4 511.5	2 069.0
2019	2 260.4	−659.5	4 975.7	4 409.9	2 510.7
2020	2 307.5	−239.5	4 694.5	4 190.6	2 855.6
2021	2 424.4	910.3	4 516.7	4 098.1	3 089.8
2022	2 509.9	−235.7	4 460.4	4 065.1	3 263.3
2023	2 539.0	196.5	4 145.0	3 835.8	3 197.2

棉花（续表）

年份	耕种收综合机械化率（%）	面积占世界比重（%）	面积在世界位次	产量占世界比重（%）
1978		13.7	3	16.7
1980		14.3	3	19.6
1985		15.4	2	24.4
1990		16.9	2	24.9
1991		18.8	2	28.2
1992		20.2	2	25.7
1993		16.4	3	23.4
1994		17.2	2	24.6
1995		15.3	3	25.2
1996		13.7	3	22.8
1997		13.2	3	25.2
1998		13.4	2	25.8
1999		11.4	3	21.6
2000		12.8	3	25.0
2001		13.9	3	26.5
2002		13.6	2	27.4
2003		16.5	2	26.2
2004		16.3	2	26.8
2005		14.6	2	24.6
2006		16.9	2	28.4
2007		17.7	2	31.1
2008	43.1	18.5	2	33.9
2009	49.8	16.4	2	30.9
2010	51.0	15.2	2	25.9
2011	53.9	14.6	2	24.9
2012	59.6	13.5	2	25.9
2013	61.1	13.5	2	25.9
2014	66.7	12.2	2	24.2
2015	66.8	11.9	2	25.4
2016	69.8	11.1	3	23.7
2017	70.7	11.0	3	23.1
2018	76.9	10.3	3	24.9
2019	81.2	12.5	2	28.5
2020	84.0	10.2	3	35.5
2021	87.3	9.2	3	23.6
2022	88.5	9.5	3	26.0
2023	90.1			

棉花（续表）

年份	产量在世界位次	单产比世界（世界为 1）	单产在世界位次	人均产量比世界（世界为 1）
1978	2	1. 22	25	0. 75
1980	2	1. 37	21	0. 88
1985	1	1. 59	11	1. 12
1990	1	1. 48	13	1. 16
1991	1	1. 50	7	1. 32
1992	1	1. 27	21	1. 20
1993	1	1. 43	16	1. 10
1994	1	1. 43	12	1. 16
1995	1	1. 65	10	1. 19
1996	1	1. 66	7	1. 08
1997	1	1. 91	7	1. 20
1998	1	1. 93	8	1. 23
1999	1	1. 89	4	1. 04
2000	1	1. 96	5	1. 21
2001	1	1. 91	7	1. 29
2002	1	2. 01	6	1. 34
2003	1	1. 59	10	1. 29
2004	1	1. 65	8	1. 33
2005	1	1. 69	8	1. 23
2006	1	1. 68	7	1. 42
2007	1	1. 76	5	1. 57
2008	1	1. 83	4	1. 72
2009	1	1. 89	6	1. 58
2010	1	1. 70	6	1. 33
2011	1	1. 70	3	1. 29
2012	1	1. 92	4	1. 35
2013	1	1. 92	5	1. 36
2014	1	1. 99	5	1. 29
2015	1	2. 14	4	1. 36
2016	2	2. 13	3	1. 27
2017	2	1. 67	4	1. 27
2018	1	2. 41	1	1. 36
2019	1	2. 28	2	1. 56
2020	1	3. 48	1	1. 95
2021	1	2. 56	1	1. 32
2022	1	2. 72	1	1. 46

分地区棉花生产情况 2023

地　区	播种面积（万亩）	位次	产量（万吨）	位次	单产（斤/亩）
北　京	0.003	18	0.000 3	18	714.3
天　津	1.7	12	0.147	12	855.2
河　北	129.1	4	10.4	3	805.2
山　西	0.2	16	0.014	17	888.1
内蒙古					
辽　宁					
吉　林					
黑龙江					
上　海					
江　苏	5.2	10	0.5	10	969.9
浙　江	3.7	11	0.3	11	925.9
安　徽	34.0	6	2.0	8	596.3
福　建					
江　西	29.1	8	2.2	7	756.4
山　东	144.7	3	12.6	2	869.2
河　南	9.2	9	0.7	9	812.6
湖　北	154.9	2	9.6	4	619.9
湖　南	83.8	5	7.6	5	906.9
广　东					
广　西	1.3	13	0.086	13	678.0
海　南					
重　庆					
四　川	0.2	15	0.014	16	608.4
贵　州	0.5	14	0.032	14	636.8
云　南					
西　藏					
陕　西	0.1	17	0.016	15	1 078.2
甘　肃	30.6	7	4.2	6	1 386.9
青　海					
宁　夏					
新　疆	3 554.0	1	511.2	1	1 438.5

糖料

年份	播种面积（万亩）	糖料产量（亿斤）	单产（斤/亩）	食糖进口量（亿斤）	食糖出口量（亿斤）
1978	1 319.2	476.4	3 611.1		
1980	1 383.4	582.3	4 208.8		
1985	2 287.9	1 209.4	5 285.9		
1990	2 518.7	1 442.9	5 728.7		
1991	2 920.8	1 683.7	5 764.7		
1992	2 858.7	1 761.6	6 162.2		
1993	2 529.8	1 524.8	6 027.5		
1994	2 632.2	1 469.0	5 581.1		
1995	2 729.9	1 588.0	5 817.3	59.1	9.6
1996	2 768.7	1 672.0	6 039.1	25.1	13.3
1997	2 884.6	1 877.3	6 508.0	15.7	7.6
1998	2 976.5	1 958.1	6 578.5	10.2	8.7
1999	2 465.7	1 666.8	6 760.0	8.3	7.3
2000	2 271.3	1 527.1	6 723.3	13.5	8.3
2001	2 481.3	1 731.0	6 976.4	24.0	3.9
2002	2 726.3	2 058.5	7 332.9	23.7	6.5
2003	2 486.1	1 928.3	7 756.4	15.5	2.1
2004	2 352.1	1 914.1	8 137.9	24.3	1.7
2005	2 346.6	1 890.4	8 055.9	27.8	7.2
2006	2 350.4	2 092.0	8 900.4	27.5	3.1
2007	2 634.5	2 416.5	9 172.6	23.9	2.2
2008	2 889.3	2 601.2	9 002.8	15.6	1.2
2009	2 706.7	2 349.4	8 679.8	21.3	1.3
2010	2 713.8	2 260.7	8 330.3	35.3	1.9
2011	2 751.7	2 332.6	8 476.9	58.4	1.2
2012	2 829.9	2 490.4	8 800.3	74.9	0.9
2013	2 766.6	2 511.0	9 076.0	90.9	1.0
2014	2 605.7	2 417.7	9 278.9	69.7	0.9
2015	2 358.9	2 243.0	9 508.7	96.9	1.5
2016	2 332.9	2 235.2	9 581.3	61.2	3.0
2017	2 318.5	2 275.8	9 815.8	45.8	3.2
2018	2 434.4	2 387.5	9 807.2	55.9	3.9
2019	2 415.7	2 433.2	10 072.5	67.8	3.7
2020	2 352.7	2 402.8	10 212.9	105.4	2.9
2021	2 187.1	2 290.9	10 474.6	113.3	2.4
2022	2 180.2	2 247.3	10 307.6	105.5	3.6
2023	2 122.7	2 275.3	10 718.6	79.5	4.1

糖料（续表）

年份	食糖消费量（亿斤）	人均糖料产量（斤）	食糖进口金额（亿美元）	食糖出口金额（亿美元）
1978		49.8		
1980		59.3		
1985		115.1		
1990		127.1		
1991		146.3		
1992		151.2		
1993		129.4		
1994		123.3		
1995		131.8	9.0	1.9
1996		137.3	3.9	2.5
1997		152.6	2.3	1.3
1998		157.7	1.5	1.2
1999		133.1	0.9	0.8
2000		120.9	1.2	0.8
2001		136.1	3.1	0.6
2002		160.8	2.4	0.8
2003		149.7	1.7	0.3
2004		147.7	2.8	0.3
2005		145.0	3.8	1.1
2006		159.6	5.5	0.6
2007		183.4	3.8	0.5
2008		196.4	3.2	0.3
2009		176.5	3.8	0.3
2010		169.0	9.1	0.6
2011		173.4	19.4	0.5
2012		183.9	22.4	0.4
2013		184.2	20.7	0.4
2014	296	176.2	14.9	0.4
2015	302	162.6	17.7	0.5
2016	304	161.1	11.7	0.8
2017	298	163.0	10.8	0.9
2018	302	170.2	10.3	1.0
2019	304	172.8	11.2	0.9
2020	300	170.3	18.0	0.7
2021	310	162.2	22.8	0.7
2022	308	159.1	25.6	1.1
2023	307	161.3	23.1	1.4

注：食糖消费量数据为专家估计数，来自《中国农业展望报告》。

分地区糖料生产情况 2023

地　区	播种面积（万亩）	位次	产量（亿斤）	位次	单产（斤/亩）
北　京					
天　津	0.005	26	0.004	26	9 000.0
河　北	17.9	8	13.1	7	7 320.1
山　西	0.1	24	0.024	24	4 135.0
内蒙古	99.3	4	61.1	5	6 148.9
辽　宁	0.2	22	0.2	22	8 550.1
吉　林	0.5	21	0.3	21	6 986.8
黑龙江	6.3	15	4.9	15	7 848.0
上　海	0.039	25	0.021	25	5 389.5
江　苏	4.4	16	1.1	20	2 401.2
浙　江	8.9	13	7.5	10	8 441.6
安　徽	3.2	18	1.8	17	5 510.8
福　建	7.6	14	5.7	13	7 450.9
江　西	20.0	6	12.3	8	6 138.6
山　东	0.003	28	0.003	27	11 026.0
河　南	1.6	20	1.6	19	9 668.5
湖　北	9.4	12	5.3	14	5 603.1
湖　南	11.3	10	7.0	11	6 173.1
广　东	213.8	3	254.2	3	11 890.1
广　西	1 252.6	1	1 444.6	1	11 532.8
海　南	19.9	7	17.3	6	8 683.6
重　庆	2.8	19	1.7	18	6 080.9
四　川	14.4	9	7.9	9	5 443.1
贵　州	9.6	11	6.9	12	7 228.2
云　南	322.7	2	317.4	2	9 835.3
西　藏	0.001	29	0.000 1	29	640.0
陕　西	0.1	23	0.1	23	4 538.7
甘　肃	3.5	17	3.4	16	9 559.0
青　海					
宁　夏	0.003	27	0.001	28	3 878.8
新　疆	92.4	5	100.0	4	10 822.9

甘蔗

年份	播种面积（万亩）	产量（亿斤）	单产（斤/亩）	人均产量（斤）	每斤总成本（元）	每斤纯收益（元）
1978	822.8	422.3	5 132.8	44.2		
1980	719.3	456.1	6 341.6	46.5		
1985	1 447.2	1 031.0	7 124.0	98.1		
1990	1 513.2	1 152.4	7 615.7	101.5		
1991	1 745.6	1 358.0	7 779.4	118.0		
1992	1 868.7	1 460.2	7 814.1	125.3		
1993	1 631.7	1 283.9	7 868.3	108.9		
1994	1 584.8	1 218.5	7 689.1	102.2		
1995	1 688.0	1 308.3	7 751.1	108.6		
1996	1 811.2	1 363.7	7 529.4	112.0		
1997	1 967.2	1 577.9	8 021.1	128.3		
1998	2 101.7	1 668.8	7 940.0	134.4		
1999	1 954.3	1 494.1	7 645.1	119.3		
2000	1 777.3	1 365.6	7 683.5	108.2		
2001	1 872.1	1 513.3	8 083.4	119.0		
2002	2 090.2	1 802.1	8 621.8	140.7		
2003	2 114.1	1 804.7	8 536.4	140.1		
2004	2 067.1	1 797.0	8 693.2	138.6	0.08	0.01
2005	2 031.5	1 732.8	8 529.4	132.9	0.09	0.04
2006	2 067.3	1 941.8	9 393.3	148.1	0.09	0.04
2007	2 296.7	2 235.9	9 735.2	169.7	0.10	0.03
2008	2 562.9	2 430.4	9 482.9	183.5	0.11	0.02
2009	2 464.5	2 240.1	9 089.3	168.3	0.12	0.04
2010	2 435.6	2 119.6	8 702.8	158.5	0.14	0.08
2011	2 465.6	2 173.5	8 815.1	161.6	0.17	0.07
2012	2 543.4	2 314.9	9 101.8	170.9	0.19	0.04
2013	2 556.2	2 385.3	9 331.5	175.0	0.21	0.01
2014	2 457.2	2 315.8	9 424.2	168.8	0.22	−0.02
2015	2 214.3	2 141.3	9 670.4	155.2	0.21	0.01
2016	2 102.5	2 064.3	9 818.5	148.7	0.21	0.04
2017	2 057.0	2 088.1	10 150.9	149.6	0.21	0.04
2018	2 108.8	2 161.9	10 252.2	154.1	0.21	0.03
2019	2 086.1	2 187.8	10 487.4	155.4	0.23	0.02
2020	2 030.1	2 162.4	10 652.0	153.3	0.22	0.02
2021	1 974.1	2 133.3	10 806.4	151.0	0.22	0.02
2022	1 933.8	2 067.6	10 692.3	146.4	0.24	0.005
2023	1 897.7	2 091.3	11 020.2	148.2	0.22	0.04

甘蔗（续表）

年份	亩均总成本（元）	亩均纯收益（元）	面积占世界比重（%）	面积在世界位次	产量占世界比重（%）
1978			4.0	7	2.7
1980			3.6	7	3.1
1985			6.1	5	6.3
1990			5.9	5	6.0
1991			6.6	5	6.7
1992			6.9	5	6.6
1993			6.3	5	6.3
1994			6.0	5	5.6
1995			6.1	5	5.6
1996			6.2	5	5.6
1997			6.7	4	6.3
1998			7.2	4	6.6
1999			6.7	4	5.8
2000			6.1	4	5.5
2001			6.4	4	6.0
2002			6.9	4	6.8
2003			6.9	4	6.6
2004	805.4	88.7	6.9	4	6.7
2005	827.3	393.1	6.9	4	6.6
2006	934.8	399.5	6.7	4	6.9
2007	1 046.5	358.9	7.0	4	7.0
2008	1 111.5	195.8	7.2	4	7.2
2009	1 168.7	348.7	7.2	4	6.9
2010	1 382.0	785.9	7.1	4	6.6
2011	1 626.5	700.5	6.7	4	6.4
2012	1 979.0	406.0	6.9	4	6.7
2013	2 177.8	116.8	6.8	4	6.7
2014	2 115.8	−150.0	6.5	4	6.7
2015	2 203.6	117.8	5.6	4	5.7
2016	2 248.0	410.5	5.3	4	5.5
2017	2 349.9	406.4	5.3	3	5.6
2018	2 443.5	331.3	5.4	3	5.7
2019	2 379.1	180.5	5.3	4	5.6
2020	2 426.0	264.5	5.1	4	5.8
2021	2 512.1	265.9	4.3	5	5.7
2022	2 556.1	46.9	5.0	5	5.4
2023	2 610.0	437.0			

甘蔗（续表）

年份	产量在世界位次	单产比世界（世界为1）	单产在世界位次	人均产量比世界（世界为1）
1978	11	0.68	75	0.12
1980	11	0.86	58	0.14
1985	5	0.91	51	0.25
1990	5	0.93	54	0.25
1991	5	0.95	48	0.29
1992	4	0.96	47	0.31
1993	4	1.00	49	0.29
1994	4	0.94	49	0.26
1995	4	0.92	49	0.27
1996	4	0.90	55	0.27
1997	4	0.94	53	0.30
1998	4	0.92	51	0.32
1999	4	0.88	53	0.28
2000	4	0.89	54	0.26
2001	4	0.94	51	0.29
2002	4	0.99	44	0.33
2003	4	0.96	43	0.32
2004	4	0.98	42	0.33
2005	4	0.96	47	0.33
2006	4	1.02	33	0.34
2007	4	1.01	33	0.36
2008	4	1.00	35	0.37
2009	4	0.96	36	0.35
2010	4	0.92	42	0.34
2011	4	0.95	41	0.33
2012	4	0.97	36	0.35
2013	4	1.00	33	0.35
2014	4	1.03	30	0.35
2015	4	1.03	30	0.30
2016	4	1.04	28	0.30
2017	3	1.07	24	0.30
2018	3	1.06	23	0.31
2019	4	1.06	19	0.31
2020	3	1.13	18	0.32
2021	3	1.34	11	0.32
2022	3	1.08	20	0.30

分地区甘蔗生产情况 2023

地　区	播种面积（万亩）	位次	产量（亿斤）	位次	单产（斤/亩）
北　京					
天　津	0.005	19	0.004	19	9 000.0
河　北	0.017	18	0.012	18	7 018.1
山　西					
内蒙古					
辽　宁					
吉　林					
黑龙江					
上　海	0.039	17	0.021	17	5 389.5
江　苏	0.9	15	0.7	15	8 303.4
浙　江	8.9	10	7.5	7	8 441.6
安　徽	1.9	13	1.1	14	6 032.2
福　建	7.6	11	5.7	10	7 450.9
江　西	20.0	4	12.3	5	6 138.6
山　东	0.003	20	0.003	20	11 026.0
河　南	1.6	14	1.6	13	9 668.5
湖　北	9.4	9	5.3	11	5 603.1
湖　南	11.3	7	7.0	8	6 173.1
广　东	213.8	3	254.2	3	11 890.1
广　西	1 252.6	1	1 444.6	1	11 532.8
海　南	19.9	5	17.3	4	8 683.6
重　庆	2.8	12	1.7	12	6 080.9
四　川	14.4	6	7.8	6	5 443.3
贵　州	9.6	8	6.9	9	7 228.2
云　南	322.7	2	317.4	2	9 835.3
西　藏	0.001	21	0.000 1	21	640.0
陕　西	0.1	16	0.045	16	5 306.9
甘　肃					
青　海					
宁　夏					
新　疆					

甜菜

年份	播种面积（万亩）	产量（亿斤）	单产（斤/亩）	人均产量（斤）	每斤总成本（元）
1978	496.4	54.0	1 088.8	5.7	0.03
1980	664.1	126.1	1 898.9	12.9	0.03
1985	840.7	178.4	2 121.7	17.0	0.03
1990	1 005.5	290.5	2 889.0	25.6	0.04
1991	1 175.2	325.8	2 772.2	28.3	0.05
1992	990.0	301.4	3 044.3	25.9	0.05
1993	898.1	241.0	2 683.2	20.4	0.05
1994	1 047.6	250.5	2 391.3	21.0	0.07
1995	1 041.9	279.7	2 684.3	23.2	0.08
1996	957.5	308.3	3 220.0	25.3	0.10
1997	917.3	299.4	3 263.3	24.3	0.11
1998	874.8	289.3	3 307.5	23.3	0.10
1999	511.5	172.8	3 377.9	13.8	0.10
2000	493.9	161.5	3 269.1	12.8	0.09
2001	609.3	217.8	3 574.2	17.1	0.09
2002	636.1	256.4	4 030.9	20.0	0.09
2003	372.0	123.6	3 323.4	9.6	0.09
2004	285.0	117.1	4 110.5	9.0	0.09
2005	315.0	157.6	5 003.2	12.1	0.09
2006	283.2	150.2	5 302.2	11.5	0.10
2007	337.8	180.6	5 346.3	13.7	0.10
2008	326.4	170.8	5 232.7	12.9	0.11
2009	242.2	109.3	4 512.7	8.2	0.12
2010	278.2	141.0	5 069.1	10.5	0.13
2011	286.1	159.2	5 562.6	11.8	0.16
2012	286.5	175.4	6 123.2	13.0	0.18
2013	210.5	125.7	5 973.6	9.2	0.20
2014	148.4	102.0	6 870.9	7.4	0.21
2015	144.7	101.8	7 033.6	7.4	0.21
2016	230.4	170.9	7 417.4	12.3	0.22
2017	261.4	187.7	7 178.9	13.4	0.21
2018	324.2	225.5	6 956.7	16.1	0.21
2019	328.4	245.5	7 474.3	17.4	0.21
2020	319.2	239.7	7 507.6	17.0	0.22
2021	211.7	157.0	7 418.6	11.1	0.21
2022	244.3	178.7	7 314.0	12.7	0.24
2023	223.3	183.2	8 205.3	13.0	0.24

甜菜（续表）

年份	每斤纯收益（元）	亩均总成本（元）	亩均纯收益（元）	面积占世界比重（%）	面积在世界位次
1978	0.01			3.7	7
1980	0.02			5.0	7
1985	0.03			6.5	4
1990	0.04			7.7	3
1991	0.03			9.1	3
1992	0.03			7.9	4
1993	0.02			7.4	4
1994	0.03			8.9	4
1995	0.08			8.9	4
1996	0.06			8.5	4
1997	0.04			8.6	4
1998	0.03			8.5	5
1999	0.01			5.2	9
2000	0.02			5.5	9
2001	0.02			6.7	7
2002	0.01			7.0	7
2003	0.01			4.4	9
2004	0.04	435.2	201.8	3.5	9
2005	0.04	485.7	236.2	3.9	10
2006	0.03	597.2	205.9	3.5	9
2007	0.04	634.5	251.0	4.2	9
2008	0.05	738.9	363.2	5.8	8
2009	0.04	756.7	249.3	4.4	9
2010	0.05	876.7	360.2	4.7	8
2011	0.08	1 070.1	575.4	4.5	8
2012	0.07	1 271.4	482.5	4.9	7
2013	0.05	1 390.5	350.9	4.2	10
2014	0.04	1 508.9	304.9	3.1	10
2015	0.03	1 619.8	228.7	2.3	12
2016	0.01	1 697.9	83.1	3.4	10
2017	0.02	1 747.7	162.8	3.5	9
2018	0.02	1 786.6	196.0	4.5	9
2019	0.02	1 673.9	177.0	4.8	7
2020	0.02	1 716.6	163.5	4.4	9
2021	0.05	1 716.2	381.0	5.2	7
2022	0.04	1 762.2	314.8	4.1	9
2023	0.07	2 075.0	573.6		

甜菜（续表）

年份	产量占世界比重（%）	产量在世界位次	单产比世界（世界为1）	单产在世界位次	人均产量比世界（世界为1）
1978	1.0	21	0.26	41	0.04
1980	2.4	12	0.47	41	0.11
1985	3.1	9	0.48	40	0.14
1990	4.7	7	0.61	37	0.22
1991	5.7	6	0.63	38	0.27
1992	5.3	8	0.68	40	0.25
1993	4.3	9	0.57	47	0.20
1994	4.9	9	0.56	48	0.23
1995	5.3	7	0.59	48	0.25
1996	5.8	8	0.68	44	0.28
1997	5.6	8	0.65	45	0.27
1998	5.5	8	0.65	43	0.26
1999	3.3	11	0.64	43	0.16
2000	3.2	11	0.59	42	0.16
2001	4.7	9	0.70	41	0.23
2002	4.9	9	0.70	38	0.24
2003	2.7	14	0.61	40	0.13
2004	2.3	14	0.67	41	0.12
2005	3.1	11	0.80	36	0.15
2006	3.0	9	0.85	32	0.15
2007	3.6	9	0.86	31	0.18
2008	4.5	8	0.79	31	0.23
2009	3.1	10	0.72	34	0.16
2010	4.1	9	0.87	30	0.21
2011	3.8	9	0.86	31	0.20
2012	4.4	9	0.89	25	0.23
2013	3.7	10	0.89	30	0.20
2014	3.0	11	0.95	26	0.16
2015	2.1	12	0.93	28	0.11
2016	3.1	10	0.91	27	0.16
2017	3.0	9	0.86	29	0.16
2018	4.4	8	0.98	27	0.24
2019	4.4	7	0.91	19	0.24
2020	4.6	8	1.04	24	0.25
2021	2.9	9	0.56	39	0.16
2022	3.4	9	0.83	28	0.19

分地区甜菜生产情况 2023

地 区	播种面积（万亩）	位次	产量（亿斤）	位次	单产（斤/亩）
北 京					
天 津					
河 北	17.9	3	13.1	3	7 320.4
山 西	0.1	9	0.024	9	4 135.0
内蒙古	98.9	1	61.0	2	6 164.2
辽 宁	0.2	8	0.2	8	8 550.1
吉 林	0.5	7	0.3	7	6 986.8
黑龙江	6.3	4	4.9	4	7 848.0
上 海					
江 苏	3.6	5	0.4	6	988.1
浙 江					
安 徽					
福 建					
江 西					
山 东					
河 南					
湖 北					
湖 南					
广 东					
广 西					
海 南					
重 庆					
四 川	0.016	11	0.008	10	5 293.0
贵 州					
云 南					
西 藏					
陕 西	0.032	10	0.008	11	2 481.3
甘 肃	3.5	6	3.4	5	9 559.0
青 海					
宁 夏	0.003	12	0.001	12	3 878.8
新 疆	92.4	2	100.0	1	10 822.9

蔬菜

年份	播种面积（万亩）	产量（亿斤）	单产（斤/亩）	进口量（亿斤）	出口量（亿斤）
1978	4 996.5				
1980	4 744.5				
1985	7 129.5				
1990	9 507.0				
1991	9 819.0				
1992	10 546.5				
1993	12 126.0				
1994	13 381.5				
1995	14 272.5	5 145.3	3 605.1	0.4	42.8
1996	15 736.5	6 024.6	3 828.4	0.7	44.3
1997	16 932.0	7 192.5	4 247.9	1.0	44.2
1998	18 439.5	7 698.4	4 174.9	1.3	51.2
1999	20 020.3	8 102.7	4 047.2	1.6	56.7
2000	22 855.9	8 893.6	3 891.2	1.9	64.2
2001	24 603.7	9 684.5	3 936.2	1.9	78.9
2002	26 029.4	10 572.1	4 061.6	1.9	93.3
2003	26 930.6	10 806.5	4 012.7	1.8	110.3
2004	26 340.6	11 012.9	4 181.0	2.2	120.4
2005	26 581.1	11 290.3	4 247.5	2.0	136.2
2006	24 958.7	10 790.6	4 323.4	2.4	146.7
2007	26 334.8	11 507.6	4 369.7	2.0	163.7
2008	26 789.0	11 733.8	4 380.1	2.3	164.2
2009	26 726.4	11 827.9	4 425.5	1.9	160.8
2010	26 146.8	11 453.0	4 380.3	3.0	168.9
2011	26 864.8	11 953.3	4 449.4	3.3	194.6
2012	27 745.3	12 324.9	4 442.2	4.4	186.2
2013	28 254.4	12 639.6	4 473.5	4.2	192.2
2014	28 836.2	12 989.7	4 504.7	4.4	195.2
2015	29 419.6	13 285.0	4 515.7	4.9	203.6
2016	29 329.7	13 486.8	4 598.4	5.0	202.0
2017	29 971.6	13 838.5	4 617.2	4.9	219.0
2018	30 658.4	14 069.3	4 589.1	9.8	224.9
2019	31 294.1	14 420.5	4 608.1	10.0	232.6
2020	32 228.2	14 982.6	4 648.9	9.3	239.7
2021	32 978.6	15 509.8	4 703.0	9.7	222.2
2022	33 651.1	15 999.4	4 754.5	6.6	235.2
2023	34 310.2	16 573.6	4 830.5	7.1	265.2

蔬菜（续表）

年份	消费量（亿斤）	人均产量（斤）	鲜菜人均消费量（斤）	28种蔬菜批发均价（元/斤）
1978				
1980				
1985				
1990				
1991				
1992				
1993				
1994				
1995		427.1		
1996		494.8		
1997		584.7		
1998		619.9		
1999		646.8		
2000		704.4		
2001		761.4		
2002		825.7		
2003		838.8		
2004		849.7		
2005		866.0		
2006		823.1		
2007		785.6		
2008		822.2		1.15
2009		830.8		1.33
2010		792.9		1.64
2011		888.7		1.58
2012		910.1		1.73
2013		927.2	189.8	1.86
2014		946.9	188.2	1.85
2015	9 546.8	962.8	189.8	1.87
2016	9 965.8	971.8	193.8	2.09
2017	10 162.0	991.1	192.2	1.87
2018	10 457.4	1 003.0	186.0	1.96
2019	10 694.0	1 024.4	190.4	2.11
2020	10 757.8	1 061.9	200.4	2.33
2021	11 216.0	1 098.1	212.4	2.48
2022	11 621.6	1 133.0	209.6	2.46
2023	12 123.0	1 174.8	219.8	2.54

注：1. 蔬菜消费量数据为专家估计数，来自《中国农业展望报告》。

2. 28种蔬菜包括白萝卜、菜花、葱头、大蒜、冬瓜、豆角、胡萝卜、黄瓜、莲藕、南瓜、茄子、青椒、生姜、蒜苔、土豆、莴笋、西红柿、西葫芦、菠菜、大白菜、大葱、韭菜、芹菜、生菜、洋白菜、油菜、香菇、平菇。

蔬菜（续表）

年份	进口金额（亿美元）	出口金额（亿美元）	每斤总成本（元）	每斤纯收益（元）	亩均总成本（元）
1978					
1980					
1985					
1990					
1991					
1992					
1993					
1994					
1995	0.1	21.8			
1996	0.2	20.9			
1997	0.2	19.6			
1998	0.3	19.2			
1999	0.5	19.4			
2000	0.7	20.9			
2001	0.8	23.5			
2002	0.8	26.4			
2003	0.7	30.6			
2004	0.9	38.1			
2005	0.8	45.0			
2006	0.9	54.4			
2007	1.1	62.3			
2008	1.9	65.2			
2009	1.8	68.8			
2010	2.8	99.9			
2011	3.3	117.2			
2012	4.1	99.7			
2013	4.2	115.8			
2014	5.1	125.0	0.53	0.37	4 050.9
2015	5.4	132.7	0.54	0.27	4 133.9
2016	5.3	147.2	0.57	0.29	4 345.3
2017	5.5	155.2	0.70	0.28	5 084.5
2018	8.3	152.4	0.73	0.28	5 433.8
2019	9.6	155.0	0.70	0.44	5 814.3
2020	10.4	149.3	0.67	0.53	5 165.1
2021	11.9	157.7	0.72	0.48	5 446.4
2022	9.3	171.3	0.77	0.54	5 678.7
2023	9.9	185.4	0.75	0.39	5 613.4

注：蔬菜成本收益为大中城市西红柿、黄瓜、茄子、圆白菜、菜椒、大白菜、马铃薯7种蔬菜平均成本收益情况。

蔬菜（续表）

年份	亩均纯收益（元）	面积占世界比重（%）	面积在世界位次	产量占世界比重（%）
1978		14.8	2	16.6
1980		14.2	2	16.1
1985		18.7	1	21.8
1990		23.4	1	27.6
1991		23.8	1	27.9
1992		24.3	1	29.9
1993		27.2	1	32.9
1994		29.0	1	34.7
1995		28.9	1	35.5
1996		31.0	1	36.9
1997		32.6	1	37.6
1998		33.5	1	37.7
1999		35.3	1	37.9
2000		37.7	1	43.5
2001		38.4	1	44.4
2002		39.5	1	46.4
2003		38.8	1	46.1
2004		41.0	1	46.6
2005		41.2	1	47.1
2006		41.0	1	47.2
2007		41.4	1	48.3
2008		40.8	1	49.0
2009		41.1	1	49.1
2010		41.4	1	49.5
2011		41.4	1	49.7
2012		40.7	1	49.3
2013		40.1	1	49.3
2014	2 852.3	40.4	1	48.8
2015	2 069.8	40.9	1	50.3
2016	2 187.9	41.2	1	50.4
2017	2 022.5	41.3	1	50.1
2018	2 126.8	41.6	1	50.4
2019	3 749.5	41.9	1	52.0
2020	4 131.2	39.8	1	51.7
2021	3 669.2	40.1	1	52.0
2022	4 009.4	40.2	1	52.5
2023	2 906.5			

蔬菜（续表）

年份	产量在世界位次	单产比世界（世界为1）	单产在世界位次	人均产量比世界（世界为1）
1978	1	1. 12	50	0. 74
1980	1	1. 13	51	0. 72
1985	1	1. 17	45	1. 00
1990	1	1. 18	42	1. 28
1991	1	1. 17	39	1. 30
1992	1	1. 23	36	1. 40
1993	1	1. 21	40	1. 54
1994	1	1. 20	40	1. 63
1995	1	1. 23	41	1. 68
1996	1	1. 19	45	1. 75
1997	1	1. 15	46	1. 79
1998	1	1. 12	49	1. 80
1999	1	1. 07	58	1. 82
2000	1	1. 16	46	2. 10
2001	1	1. 16	45	2. 16
2002	1	1. 17	45	2. 27
2003	1	1. 19	47	2. 26
2004	1	1. 14	53	2. 31
2005	1	1. 14	55	2. 35
2006	1	1. 15	56	2. 36
2007	1	1. 17	53	2. 44
2008	1	1. 20	50	2. 49
2009	1	1. 19	51	2. 51
2010	1	1. 20	49	2. 55
2011	1	1. 20	47	2. 57
2012	1	1. 21	50	2. 58
2013	1	1. 23	47	2. 60
2014	1	1. 21	53	2. 59
2015	1	1. 23	52	2. 69
2016	1	1. 22	51	2. 70
2017	1	1. 21	51	2. 71
2018	1	1. 21	51	2. 74
2019	1	1. 24	55	2. 85
2020	1	1. 30	44	2. 85
2021	1	1. 30	45	2. 90
2022	1	1. 31	41	2. 96

分地区蔬菜生产情况 2023

地 区	播种面积（万亩）	位次	产量（亿斤）	位次	单产（斤/亩）
北 京	77.2	29	41.5	29	5 372.7
天 津	82.5	28	50.7	28	6 150.3
河 北	1 265.7	11	1 099.6	4	8 687.7
山 西	340.6	22	213.2	22	6 259.3
内蒙古	328.0	23	219.4	21	6 688.7
辽 宁	515.2	20	427.9	15	8 305.6
吉 林	213.3	25	108.0	26	5 063.3
黑龙江	290.9	24	174.1	23	5 985.3
上 海	128.4	27	51.0	27	3 968.0
江 苏	2 226.5	5	1 227.1	3	5 511.4
浙 江	1 007.0	15	398.5	17	3 957.2
安 徽	1 180.9	13	526.0	12	4 454.6
福 建	961.5	16	361.0	20	3 754.1
江 西	1 070.7	14	372.2	18	3 476.0
山 东	2 368.4	4	1 854.5	1	7 830.1
河 南	2 699.1	1	1 609.1	2	5 961.7
湖 北	2 037.4	9	900.5	6	4 420.0
湖 南	2 150.3	8	897.8	7	4 175.0
广 东	2 180.6	6	819.9	9	3 759.8
广 西	2 557.4	2	885.0	8	3 460.5
海 南	413.6	21	126.6	24	3 060.8
重 庆	1 243.4	12	472.4	13	3 799.1
四 川	2 374.2	3	1 083.6	5	4 563.9
贵 州	2 156.1	7	694.0	10	3 218.7
云 南	2 008.6	10	592.2	11	2 948.2
西 藏	43.0	31	17.7	31	4 107.7
陕 西	837.5	17	430.2	14	5 137.2
甘 肃	728.6	18	364.5	19	5 003.2
青 海	65.8	30	31.7	30	4 820.8
宁 夏	200.5	26	108.9	25	5 432.3
新 疆	557.1	19	414.8	16	7 446.4

水果

年份	果园面积（万亩）	产量（亿斤）	苹果#	柑橘#	人均水果产量（斤）	进口量（亿斤）
1978	2 485.5		45.5	7.7		
1980	2 674.1		47.3	14.3		
1985	4 104.0		72.3	36.2		
1990	7 768.5		86.4	97.1		
1991	7 977.0		90.8	126.7		
1992	8 727.0		131.1	103.2		
1993	9 648.0		181.4	131.2		
1994	10 896.0		222.6	136.1		
1995	12 136.5		280.2	164.5		4.7
1996	12 829.5	930.6	340.9	169.1	85.8	13.1
1997	12 972.0	1 017.9	344.4	202.0	92.4	15.5
1998	12 802.5	1 090.6	389.6	171.8	97.5	15.3
1999	13 000.5	1 247.5	416.0	215.7	109.9	13.9
2000	13 398.0	1 245.0	408.6	175.7	108.2	19.6
2001	13 563.8	1 331.6	400.3	232.1	114.3	18.6
2002	13 646.8	1 390.4	384.8	239.8	118.0	20.3
2003	14 154.8	2 903.5	422.0	269.1	243.6	21.9
2004	14 652.3	3 068.2	473.5	299.2	254.7	22.9
2005	15 052.2	3 224.0	480.2	318.4	264.8	24.4
2006	15 183.8	3 420.4	521.2	358.0	278.1	27.4
2007	15 179.3	3 531.9	546.9	407.3	284.4	29.1
2008	15 331.1	3 665.8	579.9	459.4	291.8	35.8
2009	15 681.6	3 818.7	609.5	494.3	302.4	48.8
2010	16 021.5	4 019.1	633.0	516.3	316.0	55.1
2011	16 212.1	4 203.7	673.5	572.8	312.5	68.4
2012	16 484.6	4 418.3	716.3	617.9	326.3	68.5
2013	16 565.0	4 549.6	726.0	639.3	333.7	65.8
2014	17 411.5	4 660.5	747.1	672.4	339.7	80.2
2015	16 818.3	4 904.9	778.0	723.5	355.5	89.7
2016	16 375.0	4 881.0	807.9	718.3	351.7	83.6
2017	16 722.9	5 048.4	827.8	763.4	361.6	94.9
2018	17 812.3	5 137.7	784.7	827.6	366.3	118.5
2019	18 415.0	5 480.2	848.5	916.9	389.3	145.9
2020	18 969.4	5 738.5	881.3	1 024.4	406.7	134.6
2021	19 212.0	5 994.0	919.5	1 119.1	424.4	152.0
2022	19 514.3	6 259.2	951.4	1 200.8	443.2	158.6
2023	19 107.1	6 548.9	992.0	1 286.8	464.2	167.8

注：水果产量包括园林水果和瓜果类产量。

水果（续表）

年份	出口量（亿斤）	6种水果批发均价（元/斤）	进口金额（亿美元）	出口金额（亿美元）	面积占世界比重（%）	面积在世界位次
1978					6.1	4
1980					6.2	4
1985					8.9	1
1990					13.1	1
1991					13.2	1
1992					14.3	1
1993					16.0	1
1994					17.3	1
1995	14.1		0.8	5.7	18.6	1
1996	15.8		2.0	5.7	19.3	1
1997	19.6		2.3	6.3	19.4	1
1998	21.1		2.4	5.9	19.5	1
1999	23.8		2.6	6.7	19.7	1
2000	27.2		3.7	7.2	20.4	1
2001	29.7		3.5	8.0	20.6	1
2002	40.0		3.8	9.9	20.8	1
2003	53.4		5.0	13.7	21.1	1
2004	62.5		5.9	16.5	21.0	1
2005	73.0		6.6	20.4	21.2	1
2006	74.1		7.7	24.8	21.0	1
2007	95.5		9.7	37.5	21.2	1
2008	96.9	1.83	12.1	42.3	21.7	1
2009	105.1	1.89	16.5	38.4	21.9	1
2010	101.5	2.13	20.3	43.6	22.2	1
2011	95.9	2.54	31.1	55.2	22.9	1
2012	97.3	2.52	37.6	61.8	23.2	1
2013	96.7	2.65	41.6	63.2	23.3	1
2014	87.2	3.20	51.2	61.8	23.7	1
2015	90.1	2.82	58.7	68.9	24.1	1
2016	102.5	2.56	58.1	71.4	24.0	1
2017	104.0	2.58	62.6	70.8	23.7	1
2018	102.0	2.70	84.2	71.6	22.5	1
2019	98.4	3.09	103.6	74.5	22.5	1
2020	67.6	2.83	115.6	68.3	22.9	1
2021	98.3	3.07	145.2	75.1	22.9	1
2022	93.1	3.47	157.7	69.1	23.3	1
2023	100.5	3.71	183.5	70.6		

注：6种水果包括富士苹果、鸭梨、香蕉、菠萝、西瓜、巨峰葡萄。

水果（续表）

年份	产量占世界比重（%）	产量在世界位次	单产比世界（世界为1）	单产在世界位次	人均产量比世界（世界为1）
1978	4.3	6	0.71	128	0.19
1980	3.9	8	0.63	132	0.18
1985	7.3	1	0.82	99	0.34
1990	8.1	1	0.61	139	0.37
1991	8.9	1	0.67	126	0.41
1992	9.7	1	0.68	123	0.45
1993	11.7	1	0.73	117	0.55
1994	12.7	1	0.73	117	0.60
1995	14.1	1	0.76	116	0.67
1996	15.4	1	0.80	103	0.73
1997	17.4	1	0.90	90	0.83
1998	18.3	1	0.94	85	0.88
1999	20.6	1	1.04	66	0.99
2000	21.3	1	1.04	65	1.03
2001	22.7	1	1.11	55	1.10
2002	23.5	1	1.13	50	1.15
2003	23.4	1	1.11	55	1.15
2004	23.7	1	1.13	55	1.17
2005	24.3	1	1.15	53	1.21
2006	24.7	1	1.17	50	1.24
2007	24.4	1	1.15	55	1.23
2008	25.4	1	1.17	49	1.29
2009	25.8	1	1.18	46	1.32
2010	26.5	1	1.19	41	1.37
2011	26.8	1	1.17	44	1.39
2012	27.7	1	1.19	43	1.45
2013	27.5	1	1.18	41	1.45
2014	27.8	1	1.17	43	1.47
2015	27.7	1	1.15	43	1.48
2016	28.0	1	1.17	42	1.50
2017	28.3	1	1.19	34	1.53
2018	27.7	1	1.23	43	1.51
2019	27.9	1	1.19	41	1.53
2020	27.4	1	1.20	33	1.51
2021	27.9	1	1.22	34	1.56
2022	27.9	1	1.20	38	1.57

分地区水果生产情况 2023

地区	水果总产量（亿斤）					
		苹果#	柑橘类#	梨#	葡萄#	香蕉#
全国	**6 548.9**	**992.0**	**1 286.8**	**397.1**	**323.3**	**234.1**
北京	8.4	0.6	·	0.7	0.2	·
天津	8.5	0.4		0.7	0.9	
河北	312.6	53.9		79.1	27.3	
山西	216.6	88.3		30.5	9.0	·
内蒙古	42.7	7.1	·	1.6	1.0	
辽宁	185.6	57.8		25.3	17.9	
吉林	31.4	1.7		1.4	1.5	
黑龙江	37.8	2.8		1.0	1.6	
上海	6.3		1.2	0.6	0.7	
江苏	203.0	11.5	0.7	15.7	14.0	
浙江	146.7	0.003	37.4	6.7	15.2	·
安徽	165.8	7.4	0.7	28.3	11.5	
福建	182.9		98.4	4.3	5.1	10.2
江西	159.8		100.8	3.3	2.4	
山东	641.6	208.0		27.3	25.3	
河南	512.3	84.5	1.0	30.1	18.3	
湖北	238.3	0.05	114.2	8.9	6.7	
湖南	253.2	·	135.7	4.3	5.8	
广东	425.6		118.4	2.8	1.4	95.7
广西	710.6		378.9	10.7	14.9	60.4
海南	118.5		3.1		0.02	23.5
重庆	129.2	0.1	79.5	7.2	2.8	0.03
四川	298.1	20.4	123.0	18.7	11.5	0.7
贵州	151.3	6.8	26.4	10.9	8.8	1.8
云南	276.2	15.0	55.5	16.7	21.9	41.7
西藏	0.6	0.2	0.02	0.04	0.1	0.01
陕西	467.1	275.0	11.7	22.5	18.6	
甘肃	208.8	102.4	0.1	5.1	5.4	
青海	0.5	0.1		0.1	0.01	
宁夏	62.1	4.9		0.4	4.0	
新疆	346.8	43.2		32.2	69.5	

茶叶

年份	年末茶园面积（万亩）	产量（亿斤）	人均产量（斤）	面积占世界比重（%）	面积在世界位次
1978	1 571.3	5.4	0.6	44.3	1
1980	1 561.2	6.1	0.6	43.9	1
1985	1 567.3	8.6	0.8	37.6	1
1990	1 592.0	10.8	1.0	36.6	1
1991	1 590.2	10.8	0.9	36.6	1
1992	1 626.3	11.2	1.0	36.6	1
1993	1 756.2	12.0	1.0	38.2	1
1994	1 702.2	11.8	1.0	38.7	1
1995	1 673.0	11.8	1.0	38.3	1
1996	1 654.5	11.9	1.0	38.2	1
1997	1 614.3	12.3	1.0	38.1	1
1998	1 584.7	13.3	1.1	37.8	1
1999	1 695.5	13.5	1.1	38.3	1
2000	1 633.4	13.7	1.1	37.2	1
2001	1 711.0	14.0	1.1	37.2	1
2002	1 701.4	14.9	1.2	36.6	1
2003	1 810.9	15.4	1.2	37.1	1
2004	1 893.5	16.7	1.3	38.2	1
2005	2 027.9	18.7	1.4	38.8	1
2006	2 146.9	20.6	1.6	40.5	1
2007	2 397.9	23.4	1.5	41.7	1
2008	2 574.1	25.1	1.9	43.0	1
2009	2 745.4	27.0	2.0	43.6	1
2010	2 897.7	29.3	2.2	45.2	1
2011	3 083.3	32.2	2.4	48.3	1
2012	3 302.0	35.2	2.6	49.5	1
2013	3 550.6	37.7	2.8	51.3	1
2014	3 789.0	41.0	3.0	52.4	1
2015	3 961.3	45.5	3.3	54.5	1
2016	4 084.2	46.3	3.3	54.3	1
2017	4 273.1	49.2	3.5	54.7	1
2018	4 478.7	52.2	3.7	55.7	1
2019	4 657.1	55.5	3.9	62.5	1
2020	4 825.0	58.6	4.2	63.2	1
2021	4 961.8	63.3	4.5	64.4	1
2022	5 089.1	66.8	4.7	64.4	1
2023	5 144.9	70.8	5.0		

茶叶（续表）

年份	产量占世界比重（%）	产量在世界位次	单产比世界（世界为1）	单产在世界位次	人均产量比世界（世界为1）
1978	14.8	2	0.33	41	0.66
1980	16.1	2	0.37	40	0.72
1985	18.7	2	0.50	37	0.86
1990	21.4	2	0.58	39	0.99
1991	19.7	2	0.54	40	0.92
1992	20.4	2	0.56	40	0.95
1993	20.8	2	0.55	42	0.98
1994	20.4	2	0.53	43	0.96
1995	20.6	2	0.54	41	0.97
1996	20.1	2	0.53	41	0.95
1997	20.0	2	0.53	39	0.95
1998	20.4	2	0.54	39	0.98
1999	20.1	2	0.53	42	0.97
2000	21.1	2	0.57	42	1.02
2001	20.9	2	0.56	40	1.01
2002	21.8	2	0.60	41	1.07
2003	22.0	2	0.59	40	1.08
2004	23.1	2	0.60	40	1.14
2005	24.1	1	0.62	40	1.20
2006	26.7	1	0.66	40	1.34
2007	27.9	1	0.67	40	1.41
2008	29.5	1	0.69	38	1.50
2009	31.5	1	0.72	36	1.61
2010	31.4	1	0.69	38	1.62
2011	33.5	1	0.69	40	1.74
2012	35.5	1	0.72	42	1.86
2013	36.1	1	0.70	40	1.90
2014	38.0	1	0.73	38	2.02
2015	39.3	1	0.72	39	2.10
2016	39.5	1	0.73	38	2.12
2017	40.7	1	0.74	37	2.20
2018	41.2	1	0.74	36	2.24
2019	42.7	1	0.68	37	2.34
2020	42.3	1	0.67	36	2.33
2021	48.8	1	0.76	19	2.73
2022	48.8	1	0.76	23	2.75

分地区茶叶生产情况 2023

地　区	年末实有茶园面积（万亩）	产量（亿斤）
北　京		
天　津	0.1	
河　北	0.024	·
山　西	1.4	0.037
内蒙古	0.001	·
辽　宁	0.016	·
吉　林		
黑龙江	0.003	·
上　海	0.2	·
江　苏	51.0	0.2
浙　江	316.0	3.8
安　徽	317.9	2.9
福　建	372.7	11.0
江　西	183.1	1.6
山　东	40.7	0.6
河　南	175.2	1.5
湖　北	574.7	9.0
湖　南	324.2	5.5
广　东	169.0	3.6
广　西	160.8	2.4
海　南	3.9	0.033
重　庆	84.0	1.1
四　川	621.6	8.5
贵　州	675.0	5.8
云　南	803.3	11.1
西　藏	5.7	0.004
陕　西	244.9	2.1
甘　肃	19.4	0.04
青　海		
宁　夏	0.1	·
新　疆		

畜牧业

主要牲畜出栏量、畜产品产量和年末存栏量

指　　标	单位	2000	2010	2016	2017	2018
一、牲畜出栏量						
1. 猪	万头	51 862.3	67 332.7	70 073.7	70 202.1	69 382.4
2. 牛	万头	3 806.9	4 318.3	4 265.0	4 340.3	4 397.5
3. 羊	万只	19 653.4	26 808.3	30 005.3	30 797.7	31 010.5
4. 家禽	亿只	82.6	112.2	132.0	130.2	130.9
二、肉类总产量	亿斤	1 202.8	1 598.7	1 725.7	1 730.9	1 724.9
猪牛羊肉#	亿斤	948.6	1 234.7	1 300.5	1 311.5	1 304.6
猪肉	亿斤	793.2	1 027.7	1 085.1	1 090.4	1 080.7
平均每头产肉量	斤/头	153.0	152.6	154.8	155.4	155.8
牛肉	亿斤	102.6	125.8	123.4	126.9	128.8
平均每头产肉量	斤/头	269.6	291.4	289.2	292.4	293.0
羊肉	亿斤	52.8	81.2	92.1	94.2	95.0
平均每只产肉量	斤/只	26.8	30.2	30.6	30.6	30.6
禽肉	亿斤	238.2	337.8	400.3	396.3	398.7
三、其他畜产品产量						
奶类	亿斤	183.8	642.3	634.8	629.7	635.4
牛奶#	亿斤	165.5	607.8	612.8	607.7	614.9
禽蛋	亿斤	436.4	555.4	632.1	619.3	625.7
四、大牲畜年末存栏量	万头	14 638.1	11 074.6	9 559.9	9 763.6	9 625.5
牛#	万头	12 353.2	9 820.0	8 834.5	9 038.8	8 915.3
五、生猪年末存栏量	万头	41 633.6	46 765.2	44 209.2	44 158.9	42 817.1
能繁母猪#	万头					
六、羊年末存栏量	万只	27 948.2	28 730.2	29 930.5	30 231.7	29 713.5
七、家禽年末存栏量	亿只	46.4	54.5	61.7	60.5	60.4

主要牲畜出栏量、畜产品产量和年末存栏量（续表）

指 标	单位	2019	2020	2021	2022	2023
一、牲畜出栏量						
1. 猪	万头	54 419.2	52 704.1	67 128.0	69 994.8	72 662.4
2. 牛	万头	4 533.9	4 565.5	4 707.4	4 839.9	5 023.5
3. 羊	万只	31 698.9	31 941.3	33 045.0	33 623.7	33 863.6
4. 家禽	亿只	146.4	155.7	157.4	161.4	168.2
二、肉类总产量	亿斤	1 551.8	1 549.7	1 798.0	1 865.7	1 949.6
猪牛羊肉#	亿斤	1 082.0	1 055.6	1 301.5	1 356.8	1 415.7
猪肉	亿斤	851.1	822.7	1 059.2	1 108.3	1 158.9
平均每头产肉量	斤/头	156.4	156.1	157.8	158.3	159.4
牛肉	亿斤	133.5	134.5	139.5	143.7	150.5
平均每头产肉量	斤/头	294.4	294.6	296.3	296.8	299.6
羊肉	亿斤	97.5	98.5	102.8	104.9	106.3
平均每只产肉量	斤/只	30.8	30.8	31.1	31.2	31.4
禽肉	亿斤	447.8	472.2	476.0	488.5	512.5
三、其他畜产品产量						
奶类	亿斤	659.5	705.9	755.6	805.3	856.3
牛奶#	亿斤	640.2	688.0	736.5	786.3	839.3
禽蛋	亿斤	661.8	693.6	681.8	691.3	712.6
四、大牲畜年末存栏量	万头	9 877.4	10 265.1	10 486.8	10 859.0	11 115.4
牛#	万头	9 138.3	9 562.1	9 817.2	10 215.9	10 508.5
五、生猪年末存栏量	万头	31 040.7	40 650.4	44 922.4	45 255.7	43 422.3
能繁母猪#	万头	3 079.2	4 161.3	4 328.7	4 390.5	4 141.9
六、羊年末存栏量	万只	30 072.1	30 654.8	31 969.3	32 627.3	32 232.6
七、家禽年末存栏量	亿只	65.2	67.8	67.9	67.7	67.8

猪肉

年份	生猪年末存栏量（万头）	生猪出栏量（万头）	年出栏数500头以上规模化比重（%）	定点屠宰企业屠宰量（万头）
1978	30 128.5	16 109.5		
1985	33 139.6	23 875.2		
1990	36 240.8	30 991.0		
1991	36 964.6	32 897.1		
1992	38 421.1	35 169.7		
1993	39 300.1	37 720.1		
1994	41 461.5	42 103.2		
1995	44 169.2	48 051.0		
1996	36 283.6	41 225.1		
1997	40 034.8	46 483.7		
1998	42 256.3	50 215.1	7.7	
1999	43 144.2	51 977.2	7.3	
2000	41 633.6	51 862.3	8.7	
2001	41 950.5	53 281.1	8.2	
2002	41 776.2	54 143.9	10.0	
2003	41 381.8	55 701.8	10.7	
2004	42 123.4	57 278.5	12.1	
2005	43 319.1	60 367.4	13.1	
2006	41 854.4	61 209.0	15.0	
2007	43 933.3	56 640.9	21.8	
2008	46 433.1	61 278.9	27.3	
2009	47 177.2	64 990.9	31.7	
2010	46 765.3	67 332.7	34.5	
2011	47 074.8	67 030.0	36.6	
2012	48 030.2	70 724.5	38.4	
2013	47 893.1	72 768.0	40.8	34 193
2014	47 160.2	74 951.5	41.8	34 528
2015	45 802.9	72 415.6	43.3	32 444
2016	44 209.2	70 073.9	44.9	30 700
2017	44 158.9	70 202.1	46.9	31 981
2018	42 817.1	69 382.4	49.1	34 520
2019	31 040.7	54 419.2	53.0	27 150
2020	40 650.4	52 704.1	57.1	19 000
2021	44 922.4	67 128.0	62.0	29 419
2022	45 255.7	69 994.8	65.1	31 875
2023	43 422.3	72 662.4	68.1	38 029

猪肉（续表）

年份	猪肉产量（亿斤）	猪肉进口量（亿斤）	猪肉出口量（亿斤）	人均猪肉产量（斤）
1978				
1985	330.9			31.5
1990	456.2			40.2
1991	490.5			42.6
1992	527.1			45.3
1993	570.9			48.5
1994	641.0			53.8
1995	729.7	0.1	3.1	60.6
1996	631.6	0.04	2.6	51.9
1997	719.3	0.1	2.1	58.5
1998	776.7	0.4	2.1	62.6
1999	801.1	1.2	1.1	64.0
2000	793.2	2.7	1.1	62.8
2001	810.3	1.9	2.1	63.7
2002	824.6	2.9	3.2	64.4
2003	847.7	3.0	4.3	65.8
2004	868.2	1.4	5.8	67.0
2005	911.1	0.6	5.0	69.9
2006	930.1	0.5	5.4	71.0
2007	861.6	1.7	2.7	65.4
2008	936.4	7.5	1.6	70.7
2009	986.6	2.7	1.7	74.1
2010	1 027.7	4.0	2.2	76.8
2011	1 026.3	9.4	1.6	76.3
2012	1 088.7	10.4	1.3	80.4
2013	1 123.7	11.7	1.5	82.4
2014	1 164.2	11.3	1.8	84.9
2015	1 129.1	15.6	1.4	81.8
2016	1 085.1	32.4	1.0	78.2
2017	1 090.4	24.3	1.0	78.1
2018	1 080.7	23.9	0.8	77.0
2019	851.1	39.9	0.5	60.5
2020	822.7	86.1	0.2	58.3
2021	1 059.2	71.5	0.4	75.0
2022	1 108.3	34.8	0.5	78.5
2023	1 158.9	30.8	0.5	82.1

猪肉（续表）

年份	规模生猪饲养头均总成本（元）	规模生猪饲养头均收益（元）	猪肉产量占世界比重（%）	猪肉产量在世界位次
1978			17.6	1
1985			27.6	1
1990			32.1	1
1991			34.4	1
1992			35.9	1
1993			37.7	1
1994			40.4	1
1995			43.5	1
1996			39.8	1
1997			43.2	1
1998			43.7	1
1999			44.1	1
2000			44.1	1
2001			44.6	1
2002			44.3	1
2003			44.3	1
2004	768.5	153.6	44.9	1
2005	743.8	70.8	46.1	1
2006	728.7	90.3	46.2	1
2007	1 000.5	374.1	43.2	1
2008	1 263.9	304.2	44.6	1
2009	1 118.7	129.2	46.1	1
2010	1 169.7	140.1	46.5	1
2011	1 470.1	457.5	46.2	1
2012	1 587.6	133.5	47.2	1
2013	1 616.9	103.9	47.7	1
2014	1 592.1	−14.2	48.5	1
2015	1 605.2	217.0	47.3	1
2016	1 810.0	413.7	45.6	1
2017	1 726.9	115.2	45.5	1
2018	1 584.9	10.2	44.7	1
2019	1 797.1	828.4	38.6	1
2020	2 699.4	1 552.8	37.4	1
2021	2 487.6	108.1	44.0	1
2022	2 138.4	314.8	45.2	1
2023	2 183.5	−153.0		

猪肉（续表）

年份	人均猪肉消费量（斤）	活猪价格（元/斤）	白条猪（猪肉）批发价格（元/斤）	猪肉进口金额（亿美元）	猪肉出口金额（亿美元）
1978					
1985					
1990					
1991					
1992					
1993					
1994		3.6			
1995		3.7			2.5
1996		3.7			2.1
1997		4.2			1.9
1998		3.4		0.1	1.8
1999		2.8		0.2	0.7
2000		2.9		0.6	0.7
2001		3.0		0.4	1.4
2002		2.9		0.8	2.1
2003		3.2		0.9	2.7
2004		4.3		0.5	4.6
2005		4.0		0.3	4.1
2006		3.6		0.2	4.0
2007		5.9		1.2	2.8
2008		7.4	10.3	5.2	2.8
2009		5.6	7.9	1.4	2.6
2010		5.8	8.1	2.1	3.3
2011		8.4	11.4	8.5	3.3
2012		7.6	10.6	9.8	3.0
2013	39.6	7.5	10.5	11.1	3.3
2014	40.0	6.7	9.5	10.5	4.2
2015	40.2	7.6	10.4	14.5	3.2
2016	39.2	9.3	12.4	31.9	2.5
2017	40.2	7.7	10.6	22.2	2.6
2018	45.6	6.5	9.3	20.7	2.0
2019	40.6	10.6	14.3	45.1	1.4
2020	36.4	17.0	22.6	118.8	0.9
2021	50.4	10.2	14.3	98.9	1.2
2022	53.8	9.5	12.8	38.4	1.5
2023	61.0	7.7	10.4	34.8	1.2

牛肉

年份	牛年末存栏量（万头）	牛出栏量（万头）	牛肉产量（亿斤）	牛肉进口量（亿斤）	牛肉出口量（亿斤）	人均牛肉产量（斤）
1978	7 072.4	240.3				
1985	8 682.0	456.5	9.3			0.9
1990	10 288.4	1 088.3	25.1			2.2
1991	10 459.2	1 303.9	30.7			2.7
1992	10 784.0	1 519.2	36.1			3.1
1993	11 315.7	1 897.1	46.7			4.0
1994	12 331.8	2 512.7	65.4			5.5
1995	13 206.0	3 049.0	83.1	0.06	0.40	6.9
1996	11 031.8	2 685.9	71.1	0.06	0.57	5.8
1997	12 182.2	3 283.9	88.2	0.05	0.63	7.2
1998	12 441.9	3 587.1	96.0	0.07	0.86	7.7
1999	12 698.3	3 766.2	101.1	0.09	0.38	8.1
2000	12 353.2	3 806.9	102.6	0.13	0.34	8.1
2001	11 809.2	3 794.8	101.7	0.08	0.43	8.0
2002	11 567.8	3 896.2	104.4	0.22	0.23	8.2
2003	11 434.4	4 000.1	108.5	0.16	0.18	8.4
2004	11 235.4	4 101.0	112.1	0.07	0.31	8.6
2005	10 990.8	4 148.7	113.6	0.02	0.38	8.7
2006	10 503.1	4 226.8	118.1	0.02	0.55	9.0
2007	10 397.5	4 307.1	125.2	0.07	0.57	9.5
2008	10 068.0	4 243.1	123.5	0.08	0.45	9.3
2009	10 035.9	4 292.3	125.2	0.28	0.27	9.4
2010	9 820.0	4 318.3	125.8	0.47	0.44	9.4
2011	9 384.0	4 200.6	122.1	0.40	0.44	9.1
2012	9 137.3	4 219.3	123.0	1.23	0.24	9.1
2013	8 985.8	4 189.9	122.6	5.88	0.12	9.0
2014	9 007.3	4 200.4	123.1	5.96	0.13	9.0
2015	9 055.8	4 211.4	123.4	9.48	0.09	8.9
2016	8 834.5	4 265.0	123.4	11.60	0.08	8.9
2017	9 038.8	4 340.3	126.9	13.90	0.02	9.1
2018	8 915.3	4 397.5	128.8	20.79	0.01	9.2
2019	9 138.3	4 533.9	133.5	33.19	0.004	9.5
2020	9 562.1	4 565.5	134.5	42.36	0.002	9.5
2021	9 817.2	4 707.4	139.5	46.65	·	9.9
2022	10 215.9	4 839.9	143.7	53.78	0.001	10.2
2023	10 508.5	5 023.5	150.5	54.74	0.002	10.7

牛肉（续表）

年份	人均牛肉消费量（斤）	牛肉批发价格（元/斤）	牛肉进口金额（亿美元）	牛肉出口金额（亿美元）	牛肉产量占世界比重（%）	牛肉产量在世界位次
1978					0.5	31
1985					0.9	19
1990					2.2	9
1991					2.7	9
1992					3.2	9
1993					4.0	3
1994					4.4	5
1995			0.04	0.34	5.2	3
1996			0.04	0.51	5.7	3
1997			0.03	0.54	6.9	3
1998			0.05	0.73	7.6	3
1999			0.06	0.26	8.6	3
2000			0.07	0.24	8.7	3
2001			0.06	0.33	8.7	3
2002			0.13	0.19	8.8	3
2003			0.12	0.15	9.0	3
2004			0.10	0.30	9.0	3
2005			0.09	0.42	9.1	3
2006			0.08	0.64	9.2	3
2007			0.14	0.79	9.5	3
2008		14.0	0.18	0.96	9.4	3
2009		14.6	0.44	0.61	9.4	3
2010		14.9	0.84	1.09	9.5	3
2011		16.7	0.95	1.20	9.2	3
2012		19.7	2.55	0.81	9.2	3
2013	3.0	25.9	12.69	0.44	9.0	3
2014	3.0	27.2	12.90	0.59	9.0	3
2015	3.2	27.0	23.21	0.45	9.1	3
2016	3.6	26.6	25.16	0.40	9.0	3
2017	3.8	26.9	30.65	0.08	9.1	3
2018	4.0	28.7	48.00	0.03	9.0	3
2019	4.4	31.9	82.25	0.02	9.1	3
2020	4.6	36.5	101.79	0.01	9.3	3
2021	5.0	38.5	124.89	0.001	9.9	3
2022	5.0	38.8	177.50	0.005	10.3	3
2023	6.2	37.0	142.18	0.008		

羊肉

年份	羊年末存栏量（万只）	羊出栏量（万只）	羊肉产量（亿斤）	人均羊肉产量（斤）	人均羊肉消费量（斤）	羊肉进口量（亿斤）
1978	16 993.7	2 621.9				
1985	15 588.0	5 081.0	11.9	1.1		
1990	21 002.0	8 931.4	21.4	1.9		
1991	20 621.0	9 816.2	23.6	2.1		
1992	20 732.9	10 266.6	25.0	2.1		
1993	21 731.4	11 146.9	27.5	2.3		
1994	24 052.8	13 124.9	32.2	2.7		
1995	27 685.6	16 537.4	40.3	3.3		0.03
1996	23 728.3	13 412.5	36.2	3.0		0.1
1997	25 575.7	15 945.5	42.6	3.5		0.1
1998	26 903.5	17 279.5	46.9	3.8		0.2
1999	27 925.8	18 820.4	50.3	4.0		0.2
2000	27 948.2	19 653.4	52.8	4.2		0.4
2001	27 625.0	19 996.8	54.4	4.3		0.5
2002	28 240.9	20 560.0	56.7	4.4		0.7
2003	29 307.4	22 028.8	61.7	4.8		0.7
2004	30 426.0	23 092.6	66.6	5.1		0.7
2005	29 792.7	24 092.0	70.0	5.4		0.8
2006	28 337.6	24 733.9	73.5	5.6		0.7
2007	28 606.7	25 570.1	77.1	5.9		0.9
2008	28 823.7	26 172.3	78.7	5.9		1.1
2009	29 063.0	26 732.9	79.9	6.0		1.3
2010	28 730.2	27 220.2	81.2	6.1		1.1
2011	28 664.2	26 661.5	79.6	5.9		1.7
2012	28 512.7	27 099.6	80.9	6.0		2.5
2013	28 935.2	27 586.8	82.0	6.0	1.8	5.2
2014	30 391.3	28 741.6	85.5	6.2	2.0	5.7
2015	31 174.3	29 472.7	88.0	6.4	2.4	4.5
2016	29 930.5	30 694.6	92.1	6.6	3.0	4.4
2017	30 231.7	30 797.7	94.2	6.7	2.6	5.0
2018	29 713.5	31 010.5	95.0	6.8	2.6	6.4
2019	30 072.1	31 698.9	97.5	6.9	2.4	7.8
2020	30 654.8	31 941.3	98.5	7.0	2.4	7.3
2021	31 969.3	33 045.0	102.8	7.3	2.8	8.2
2022	32 627.3	33 623.7	104.9	7.4	2.8	7.2
2023	32 232.6	33 863.6	106.3	7.5	3.4	8.7

羊肉（续表）

年份	羊肉出口量（亿斤）	羊肉批发价格（元/斤）	羊肉进口金额（亿美元）	羊肉出口金额（亿美元）	羊肉产量占世界比重（%）	羊肉产量在世界位次
1978					4.5	6
1985					7.2	3
1990					11.0	1
1991					11.9	1
1992					12.5	1
1993					13.6	1
1994					14.4	1
1995	0.03		0.01	0.03	16.6	1
1996	0.02		0.02	0.02	17.7	1
1997	0.03		0.02	0.03	20.1	1
1998	0.06		0.05	0.04	21.2	1
1999	0.07		0.08	0.04	22.3	1
2000	0.08		0.14	0.06	22.8	1
2001	0.06		0.20	0.04	23.2	1
2002	0.10		0.27	0.08	24.2	1
2003	0.25		0.39	0.21	25.7	1
2004	0.48		0.43	0.42	26.8	1
2005	0.60		0.55	0.57	27.3	1
2006	0.67		0.50	0.67	28.2	1
2007	0.44		0.79	0.54	28.4	1
2008	0.29	14.7	1.06	0.50	29.0	1
2009	0.19	15.0	1.39	0.42	29.2	1
2010	0.27	16.2	1.57	0.69	29.7	1
2011	0.16	19.6	2.76	0.53	29.0	1
2012	0.10	23.0	4.22	0.43	29.0	1
2013	0.06	26.7	9.55	0.31	28.6	1
2014	0.09	27.7	11.33	0.43	29.1	1
2015	0.08	24.7	7.30	0.34	29.1	1
2016	0.13	22.5	5.74	0.35	30.0	1
2017	0.10	23.7	8.78	0.46	30.6	1
2018	0.07	27.9	13.09	0.33	30.1	1
2019	0.04	31.9	18.61	0.21	29.8	1
2020	0.03	34.6	17.44	0.19	31.5	1
2021	0.04	36.8	23.77	0.25	31.4	1
2022	0.03	34.3	20.76	0.19	31.0	1
2023	0.03	32.9	17.77	0.18		

家禽、禽蛋

年份	家禽出栏量（亿只）	禽蛋产量（亿斤）	人均禽蛋产量（斤）	蛋类人均消费量（斤）	鸡蛋批发价格（元/斤）	禽蛋产量占世界比重（%）	禽蛋产量在世界位次
1978						9.8	3
1985		106.9	10.2			16.5	1
1990	24.3	158.9	14.0			21.3	1
1991	28.2	184.4	16.0			23.6	1
1992	31.9	204.0	17.5			25.6	1
1993	40.0	236.0	20.0			28.6	1
1994	51.3	295.8	24.8			33.0	1
1995	63.0	335.3	27.8			35.8	1
1996	71.9	393.0	32.3			39.5	1
1997	63.9	379.4	30.8			38.0	1
1998	68.4	404.3	32.6			39.1	1
1999	74.3	426.9	34.1			39.9	1
2000	82.6	436.4	34.6			39.5	1
2001	81.4	442.0	34.8			39.3	1
2002	82.7	453.1	35.4			39.3	1
2003	87.1	466.6	36.2			39.8	1
2004	87.8	474.1	36.6			39.5	1
2005	94.3	487.6	37.4			39.8	1
2006	93.1	484.8	37.0			38.8	1
2007	95.8	509.3	38.6			39.3	1
2008	102.2	539.9	40.8		3.3	40.5	1
2009	106.1	550.4	41.3		3.3	40.3	1
2010	110.1	555.4	41.5		3.7	39.7	1
2011	113.3	566.1	42.1		4.3	39.7	1
2012	120.8	577.1	42.6		4.1	39.4	1
2013	119.0	581.1	42.6	16.4	4.2	38.7	1
2014	115.4	586.1	42.7	17.2	4.8	38.2	1
2015	119.9	609.2	44.1	19.0	4.1	39.0	1
2016	123.7	632.1	45.5	19.4	3.7	39.4	1
2017	130.2	619.3	44.4	20.0	3.5	38.1	1
2018	130.9	625.7	44.6	19.4	4.3	37.8	1
2019	146.4	661.8	47.0	21.4	4.6	42.8	1
2020	155.7	693.6	49.2	25.6	3.8	37.3	1
2021	157.4	681.8	48.3	26.4	4.8	36.8	1
2022	161.4	691.3	49.0	27.0	5.3	36.5	1
2023	168.2	712.6	50.5	30.0	5.2		

牛奶

年份	牛奶产量（亿斤）	人均牛奶产量（斤）	奶类人均消费量（斤）	生鲜乳价格（元/斤）	奶类产量占世界比重（%）	奶类产量在世界位次
1978	17.7	1.8			0.6	30
1985	50.0	4.8			0.9	24
1990	83.1	7.3			1.3	17
1991	92.9	8.1			1.4	16
1992	100.6	8.6			1.5	16
1993	99.7	8.5			1.5	16
1994	105.8	8.9			1.6	16
1995	115.3	9.6			1.8	15
1996	125.9	10.3			1.9	15
1997	120.2	9.8			1.8	15
1998	132.6	10.7			1.9	14
1999	143.5	11.5			2.0	14
2000	165.5	13.1			2.1	12
2001	205.1	16.1			2.5	9
2002	260.0	20.3			2.9	8
2003	349.3	27.1			3.5	8
2004	452.1	34.9			4.3	6
2005	550.7	42.2			4.9	3
2006	588.9	44.9			5.5	3
2007	589.4	44.7		1.35	5.8	3
2008	602.1	45.5		1.40	5.7	3
2009	599.0	45.0		1.22	5.7	3
2010	607.8	45.4		1.45	5.7	3
2011	622.0	46.2		1.60	5.6	3
2012	635.0	46.9		1.65	5.6	3
2013	600.2	44.0	23.4	1.81	5.2	4
2014	632.0	46.1	25.2	2.03	5.3	4
2015	636.0	46.1	24.2	1.73	4.6	4
2016	612.8	44.2	24.0	1.74	4.4	4
2017	607.7	43.5	24.4	1.74	4.2	4
2018	614.9	43.8	24.4	1.73	4.2	4
2019	640.2	45.5	25.0	1.83	4.1	4
2020	688.0	48.8	26.0	1.90	4.0	4
2021	736.5	52.1	28.8	2.15	4.5	4
2022	786.3	55.7	24.8	2.08	4.3	4
2023	839.3	59.5	26.4	1.92		

分地区牲畜饲养情况 2023

地 区	生猪出栏量（万头）	生猪年末存栏量（万头）	能繁母猪存栏#	牛年末存栏量（万头）	羊年末存栏量（万只）
全 国	**72 662.4**	**43 422.3**	**4 141.9**	**10 508.5**	**32 232.6**
北 京	32.9	26.7	5.3	8.3	22.0
天 津	205.4	117.0	15.4	31.4	51.3
河 北	3 648.4	1 793.8	171.7	414.6	1 414.4
山 西	1 276.1	814.1	74.1	155.5	1 172.3
内蒙古	910.2	629.9	61.2	947.7	6 180.6
辽 宁	2 970.5	1 337.2	157.3	290.2	765.8
吉 林	1 927.7	1 172.4	108.9	427.4	720.2
黑龙江	2 414.3	1 311.9	126.7	541.5	812.7
上 海	120.4	102.2	8.8	6.1	15.0
江 苏	2 408.5	1 412.3	125.5	31.3	358.3
浙 江	953.2	608.9	65.1	15.1	146.2
安 徽	3 075.5	1 551.7	142.8	109.3	642.9
福 建	1 695.0	948.6	94.0	30.9	99.1
江 西	3 143.6	1 676.0	163.2	232.6	144.3
山 东	4 659.7	2 801.2	287.8	269.0	1 353.2
河 南	6 102.3	4 039.0	370.7	380.7	1 931.7
湖 北	4 438.5	2 595.3	236.8	234.0	527.1
湖 南	6 286.3	3 861.3	350.1	410.7	752.8
广 东	3 794.0	2 049.2	195.8	98.5	83.8
广 西	3 516.6	2 268.5	221.3	349.8	276.6
海 南	496.5	317.2	35.0	47.6	56.1
重 庆	1 974.9	1 173.2	115.6	110.9	332.5
四 川	6 662.7	3 855.0	369.0	848.5	1 382.0
贵 州	2 048.0	1 533.9	131.7	503.6	332.9
云 南	4 627.0	3 160.1	284.6	897.4	1 406.5
西 藏	25.3	46.5	11.6	710.4	940.2
陕 西	1 298.3	890.2	83.6	152.3	916.7
甘 肃	958.6	696.0	62.9	558.9	2 805.8
青 海	62.6	51.5	5.9	632.0	1 344.8
宁 夏	103.8	79.2	7.7	246.6	720.5
新 疆	825.6	502.3	51.8	815.6	4 524.4

分地区肉类及禽蛋、牛奶产量 2023

单位：亿斤

地 区	肉类产量	猪肉#	牛肉#	羊肉#	禽肉#	禽蛋产量	牛奶产量
全 国	**1 949.6**	**1 158.9**	**150.5**	**106.3**	**512.5**	**712.6**	**839.3**
北 京	0.8	0.5	0.1	0.0	0.2	1.8	5.3
天 津	6.3	3.5	0.6	0.2	1.9	4.6	10.8
河 北	99.0	56.7	11.9	7.5	22.2	80.9	114.4
山 西	31.0	19.9	2.0	2.4	6.5	25.3	29.4
内蒙古	58.2	15.1	15.6	21.8	4.6	13.4	158.5
辽 宁	94.7	49.8	6.4	1.4	36.8	62.4	27.1
吉 林	61.9	31.7	9.8	1.8	18.2	19.1	6.2
黑龙江	65.7	40.4	11.0	3.1	10.9	21.5	100.7
上 海	2.4	2.1	0.0	0.0	0.2	0.7	6.1
江 苏	66.3	38.3	0.7	1.3	25.7	47.1	14.6
浙 江	24.0	16.2	0.3	0.5	6.9	7.3	4.2
安 徽	99.4	52.5	2.3	4.4	39.9	41.3	10.7
福 建	62.3	27.1	0.6	0.5	33.3	13.8	5.0
江 西	73.8	51.5	3.6	0.6	17.8	14.6	1.3
山 东	182.0	76.6	11.6	6.6	86.3	92.4	63.6
河 南	135.8	93.1	7.6	5.5	28.5	88.2	47.5
湖 北	91.6	69.4	3.4	2.1	16.4	43.3	1.8
湖 南	116.5	92.4	4.1	3.4	16.1	23.9	1.6
广 东	101.5	59.6	0.9	0.4	38.9	10.0	4.0
广 西	95.8	55.2	3.1	0.9	34.7	6.7	2.8
海 南	15.3	8.4	0.4	0.2	6.1	1.4	0.1
重 庆	43.2	31.6	1.7	1.4	7.7	10.6	0.6
四 川	139.4	97.9	7.8	5.4	23.0	36.2	14.4
贵 州	49.4	36.9	4.4	1.0	6.8	7.8	0.7
云 南	107.2	81.1	8.9	4.5	12.5	9.3	14.5
西 藏	6.3	0.3	4.7	1.1	0.1	0.3	11.9
陕 西	27.1	20.9	1.8	2.1	2.2	13.0	21.8
甘 肃	31.5	14.5	6.0	8.2	2.6	4.7	20.4
青 海	8.3	1.0	4.6	2.6	0.1	0.3	6.7
宁 夏	8.3	1.7	2.9	3.0	0.6	2.5	86.1
新 疆	44.5	12.9	11.7	12.6	4.7	8.0	46.6

饲料总产量及分地区产量 2023

单位：万吨

地 区	饲料总产量	猪饲料#	蛋禽饲料#	肉禽饲料#
全 国	**32 162.7**	**14 975.2**	**3 274.4**	**9 510.8**
北 京	139.3	47.6	19.6	20.6
天 津	198.6	65.8	23.7	18.8
河 北	1 453.4	334.3	406.6	452.4
山 西	491.8	288.5	52.8	132.9
内蒙古	687.1	271.2	23.2	47.6
辽 宁	1 873.4	566.2	180.8	853.9
吉 林	601.2	297.4	68.8	176.0
黑龙江	550.8	310.6	24.6	74.8
上 海	112.7	30.5	36.2	14.4
江 苏	1 616.6	481.8	217.3	475.8
浙 江	576.5	256.8	63.1	127.6
安 徽	1 304.8	554.6	151.7	512.8
福 建	1 266.5	566.6	103.8	402.4
江 西	1 197.6	788.7	126.0	212.9
山 东	4 716.3	1 124.3	344.4	2 969.6
河 南	1 729.7	1 142.8	212.8	283.2
湖 北	1 500.4	781.2	347.0	97.9
湖 南	1 401.4	943.9	141.1	176.9
广 东	3 610.7	1 505.0	223.6	1 112.9
广 西	2 297.9	1 480.7	107.0	640.7
海 南	389.4	192.3	31.9	120.9
重 庆	466.3	348.1	34.5	58.5
四 川	1 528.7	1 066.2	143.9	221.1
贵 州	468.0	388.3	21.4	44.7
云 南	741.3	519.4	37.5	142.8
陕 西	470.2	323.1	70.5	36.8
甘 肃	258.2	130.5	12.9	33.2
青 海	10.3	0.8	0.0	0.0
宁 夏	135.2	15.2	4.8	3.5
新 疆	239.4	89.1	28.2	32.8
新疆兵团	129.2	63.6	15.0	12.3

饲料总产量及分地区产量 2023（续表）

单位：万吨，亿元

地　区	水产饲料#	反刍饲料#	宠物饲料#	其他饲料#	饲料工业总产值	饲料工业总营业收入
全　国	**2 344.4**	**1 671.5**	**146.3**	**240.2**	**14 018.3**	**13 304.4**
北　京	1.4	45.9	2.3	1.9	76.6	76.4
天　津	38.7	47.4	2.2	2.1	120.4	122.4
河　北	23.6	162.5	52.8	21.3	592.0	550.3
山　西	0.0	11.1		6.4	177.6	151.2
内蒙古	0.3	343.3	0.1	1.5	318.1	298.4
辽　宁	39.0	208.1	2.4	23.0	745.7	658.1
吉　林	0.3	56.4	0.0	2.5	301.0	289.0
黑龙江	8.6	125.2	0.0	6.9	306.2	253.7
上　海	1.8	17.8	10.7	1.3	91.0	87.2
江　苏	384.2	43.1	5.1	9.2	791.9	782.7
浙　江	104.9	12.6	8.3	3.3	366.0	343.2
安　徽	44.7	25.1	10.4	5.5	501.0	414.1
福　建	183.9	0.0	0.6	9.1	514.4	517.2
江　西	66.1	3.5	0.1	0.4	484.4	475.2
山　东	49.7	102.6	44.9	80.8	2 058.3	2 007.5
河　南	26.4	53.0	0.5	10.9	672.0	489.6
湖　北	271.2	2.7	0.1	0.4	687.6	626.3
湖　南	137.1	1.3	0.3	0.9	577.1	568.7
广　东	740.0	9.3	2.4	17.4	1 660.9	1 653.1
广　西	60.4	4.8	0.0	4.2	846.9	818.5
海　南	36.5			7.8	148.6	153.1
重　庆	19.5	1.6	0.0	4.1	185.8	182.0
四　川	63.3	18.7	1.7	13.8	660.4	663.0
贵　州	1.1	10.7		1.7	203.3	195.9
云　南	26.2	15.2		0.2	367.9	369.7
陕　西	2.0	37.0	0.5	0.3	186.3	184.2
甘　肃	0.2	81.2	0.0	0.1	103.2	100.3
青　海		9.5			4.1	3.5
宁　夏	2.4	109.0		0.2	91.4	94.2
新　疆	9.5	76.3	0.7	2.8	99.2	97.4
新疆兵团	1.6	36.7			78.9	78.1

渔业

水产品产量

年份	水产品产量（万吨）	淡水产品#	海水产品#	水产品养殖面积（万亩）	淡水养殖#	海水养殖#
1978	465.4	105.9	359.5	4 235.1	4 084.2	150.9
1980	449.7	124.0	325.7	4 496.6	4 296.2	200.4
1985	705.2	285.4	419.7	5 946.8	5 531.3	415.5
1990	1 237.0	523.7	713.3	6 388.1	5 744.7	643.4
1991	1 350.8	550.7	800.1	6 415.2	5 741.3	674.0
1992	1 557.1	623.5	933.7	6 712.2	5 963.6	748.7
1993	1 823.0	747.0	1 076.0	7 078.4	6 198.9	879.5
1994	2 143.2	901.7	1 241.5	7 625.1	6 644.9	980.3
1995	2 517.2	1 078.1	1 439.1	8 078.0	7 004.1	1 073.9
1996	3 288.1	1 275.2	2 012.9	8 481.6	7 248.5	1 233.2
1997	3 118.6	1 230.5	1 888.1	8 851.2	7 444.4	1 406.9
1998	3 382.7	1 338.1	2 044.5	9 102.9	7 596.3	1 506.6
1999	3 570.1	1 424.9	2 145.3	9 415.7	7 773.2	1 642.5
2000	3 706.2	1 502.3	2 203.9	9 762.0	7 897.2	1 864.8
2001	3 795.9	1 562.4	2 233.5	10 029.5	8 099.1	1 930.4
2002	3 954.9	1 656.4	2 298.5	10 281.6	8 264.6	2 017.1
2003	4 077.0	1 744.2	2 332.8	10 712.4	8 414.1	2 298.3
2004	4 246.6	1 842.1	2 404.5	11 020.7	8 585.0	2 435.7
2005	4 419.9	1 954.0	2 465.9	11 337.3	8 795.6	2 541.8
2006	4 583.6	2 074.0	2 509.6	8 288.3	6 380.7	1 907.6
2007	4 747.5	2 196.6	2 550.9	8 617.7	6 620.4	1 997.3
2008	4 895.6	2 297.3	2 598.3	9 824.9	7 456.5	2 368.4
2009	5 116.4	2 434.8	2 681.6	10 924.7	8 135.7	2 789.0
2010	5 373.0	2 575.5	2 797.5	11 467.8	8 346.5	3 121.4
2011	5 603.2	2 695.2	2 908.0	11 752.5	8 592.9	3 159.6
2012	5 502.1	2 612.5	2 889.6	12 132.6	8 861.2	3 271.4
2013	5 744.2	2 751.9	2 992.4	12 482.5	9 009.2	3 473.4
2014	6 001.9	2 865.7	3 136.3	12 579.5	9 121.3	3 458.2
2015	6 211.0	2 978.7	3 232.3	12 697.5	9 220.9	3 476.6
2016	6 379.5	3 078.2	3 301.3	11 168.3	8 021.2	3 147.2
2017	6 445.3	3 123.6	3 321.7	11 173.6	8 047.4	3 126.1
2018	6 457.7	3 156.2	3 301.4	10 784.3	7 719.7	3 064.6
2019	6 480.4	3 197.9	3 282.5	10 662.7	7 674.5	2 988.3
2020	6 549.0	3 234.6	3 314.4	10 554.2	7 560.8	2 993.3
2021	6 690.3	3 303.1	3 387.2	10 514.1	7 475.8	3 038.3
2022	6 865.9	3 406.4	3 459.5	10 661.3	7 549.6	3 111.6
2023	7 116.2	3 530.9	3 585.3	10 906.8	7 585.7	3 321.0

注：第三次全国农业普查结束后，农业农村部联合国家统计局对 2012—2016 年渔业统计数据进行了调整。

分地区水产品养殖面积和产量 2023

地　区	水产品养殖面积（万亩）	淡水养殖#	海水养殖#	水产品产量（万吨）	淡水产品#	海水产品#
北　京	2.1	2.1		19.0	1.1	17.9
天　津	34.5	33.2	1.4	29.1	24.6	4.5
河　北	199.8	42.3	157.5	114.7	31.0	83.7
山　西	25.8	25.8		5.5	5.5	
内蒙古	168.2	168.2		11.2	11.2	
辽　宁	1 449.5	288.5	1 161.0	508.1	84.6	423.5
吉　林	527.3	527.3		25.5	25.5	
黑龙江	652.5	652.5		77.5	77.5	
上　海	17.7	17.7		22.7	10.0	12.7
江　苏	871.2	614.0	257.3	522.1	380.1	142.0
浙　江	385.4	258.9	126.5	647.9	154.5	493.4
安　徽	616.8	616.8		254.0	254.0	
福　建	393.9	127.8	266.0	890.2	102.4	787.8
江　西	612.2	612.2		296.7	296.7	
山　东	1 205.7	236.6	969.0	913.9	123.4	790.5
河　南	188.3	188.3		97.9	97.9	
湖　北	803.3	803.3		522.8	522.8	
湖　南	678.3	678.3		285.9	285.9	
广　东	716.0	457.8	258.2	924.0	445.9	478.2
广　西	324.6	221.0	103.7	378.6	156.2	222.4
海　南	61.8	41.0	20.7	175.2	46.5	128.7
重　庆	129.6	129.6		58.9	58.9	
四　川	289.2	289.2		178.9	178.9	
贵　州	103.5	103.5		28.2	28.2	
云　南	148.2	148.2		70.2	70.2	
西　藏						
陕　西	75.3	75.3		18.0	18.0	
甘　肃	12.2	12.2		1.5	1.5	
青　海	53.6	53.6		1.9	1.9	
宁　夏	34.1	34.1		17.5	17.5	
新　疆	126.8	126.8		18.4	18.4	

注：北京水产品产量含中农发集团产量。

年末渔船拥有量

年份	单位	渔船合计	机动渔船合计	1. 生产渔船	(1) 捕捞渔船
2007	艘	998 419	576 996	541 718	380 189
	总吨	8 564 987	7 806 935	7 001 459	6 363 300
2008	艘	1 039 359	630 619	597 342	416 520
	总吨	8 967 912	8 284 092	7 507 872	6 713 246
2009	艘	1 042 395	672 633	637 298	430 835
	总吨	9 181 446	8 595 260	7 806 653	6 866 099
2010	艘	1 065 645	675 170	640 396	430 991
	总吨	9 408 197	8 801 975	7 945 485	7 055 809
2011	艘	1 069 577	696 186	662 613	452 549
	总吨	9 571 418	9 022 317	8 100 892	7 305 954
2012	艘	1 069 910	695 555	663 468	451 358
	总吨	10 098 512	9 542 349	8 535 647	7 707 435
2013	艘	1 071 664	694 905	663 609	452 403
	总吨	10 443 511	9 895 517	8 844 303	8 024 895
2014	艘	1 065 319	686 766	657 974	446 171
	总吨	10 704 316	10 214 416	9 176 606	8 352 777
2015	艘	1 042 489	672 416	644 816	439 247
	总吨	10 863 250	10 406 413	9 386 181	8 580 178
2016	艘	1 011 071	654 154	627 067	426 008
	总吨	10 984 782	10 540 576	9 472 956	8 685 271
2017	艘	946 160	599 331	575 317	391 389
	总吨	10 823 609	10 386 349	9 272 333	8 541 931
2018	艘	863 892	556 150	533 906	374 674
	总吨	10 801 514	10 414 394	9 311 809	8 667 138
2019	艘	731 169	468 312	451 537	334 976
	总吨	10 402 357	10 048 442	8 988 192	8 552 017
2020	艘	563 262	374 757	360 152	251 343
	总吨	10 059 327	9 796 816	8 706 560	8 298 311
2021	艘	520 845	356 994	342 339	238 215
	总吨	10 015 814	9 774 783	8 624 749	8 235 754
2022	艘	511 046	342 418	328 952	228 289
	总吨	10 313 283	10 073 621	8 861 311	8 462 288
2023	艘	496 530	338 817	324 387	231 548
	总吨	10 574 984	10 329 559	9 085 055	8 612 189

年末渔船拥有量（续表）

年份	单位	(2) 养殖渔船	2. 辅助渔船	(1) 捕捞辅助船	(2) 渔业执法船	非机动渔船合计
2007	艘	161 529	35 278	23 519	1 840	421 423
	总吨	638 159	805 476	661 261	47 479	758 052
2008	艘	180 822	33 277	22 360	2 309	408 740
	总吨	794 626	776 220	604 427	58 811	683 820
2009	艘	206 463	35 335	22 791	2 165	369 762
	总吨	940 554	788 607	634 354	55 453	586 186
2010	艘	209 405	34 774	22 881	2 089	390 475
	总吨	889 676	856 490	696 036	54 076	606 222
2011	艘	210 064	33 573	30 401	2 180	373 391
	总吨	794 938	921 425	798 323	58 993	549 101
2012	艘	212 110	32 087	28 654	2 300	374 355
	总吨	828 212	1 006 702	845 441	68 310	556 163
2013	艘	211 206	31 296	27 808	2 304	376 759
	总吨	819 408	1 051 214	903 674	72 279	547 994
2014	艘	211 803	28 792	25 340	2 301	378 553
	总吨	823 829	1 037 810	865 195	76 784	489 900
2015	艘	205 569	27 600	24 104	2 415	370 073
	总吨	806 003	1 020 232	864 878	79 171	456 837
2016	艘	201 059	27 087	23 604	2 497	356 917
	总吨	787 685	1 067 620	929 301	81 213	444 206
2017	艘	183 928	24 014	20 345	2 581	346 829
	总吨	730 402	1 114 016	960 822	84 236	437 260
2018	艘	159 232	22 244	18 559	2 716	307 742
	总吨	644 671	1 102 585	935 286	77 371	387 120
2019	艘	116 561	16 775	13 042	2 806	262 857
	总吨	436 175	1 060 250	936 168	80 704	353 915
2020	艘	108 809	14 605	10 953	2 810	188 505
	总吨	408 249	1 090 256	994 099	81 159	262 511
2021	艘	104 124	14 655	10 901	2 957	163 851
	总吨	388 995	1 150 034	1 061 222	81 527	241 031
2022	艘	100 663	13 466	9 642	2 944	168 628
	总吨	399 023	1 212 310	1 118 863	83 414	239 662
2023	艘	92 839	14 430	10 479	3 140	157 713
	总吨	472 866	1 244 504	1 142 778	90 181	245 425

农业经营服务

农民专业合作社 2023

指标名称	计量单位	数量	比上年增长（%）
一、农民专业合作社基本情况			
（一）农民专业合作社数	万个	209.6	0.5
其中：示范社数	万个	21.8	4.0
（二）农民专业合作社成员数	万个	5 940.8	−0.7
（1）普通农户数	万个	5 676.6	−0.7
（2）家庭农场成员数	万个	166.4	1.7
（3）企业成员数	万个	24.0	−4.1
（4）其他成员数	万个	73.8	−5.9
二、农民专业合作社盈余及其分配情况			
（一）农民专业合作社经营收入	亿元	6 243.3	−1.0
（二）农民专业合作社上缴的税金总额	亿元	20.0	0.6
（三）农民专业合作社盈余	亿元	1 214.3	1.1
（四）农民专业合作可分配盈余	亿元	874.1	0.0
三、扶持农民专业合作社发展情况			
（一）当年财政扶持资金总额	亿元	53.1	−6.0
（二）当年承担国家涉农项目的合作社数	万个	1.1	−1.6
（三）当年贷款余额	亿元	98.1	−0.5

注：截至2023年底，在市场监管部门依法登记注册的合作社数为220.8万个。

乡村产业、家庭农场、龙头企业情况

乡村产业

指　　标	2020	2021	2022	2023
一、农产品加工业				
（一）规模以上农产品加工企业（万家）	7.3	8.4	9.1	9.5
（二）规模以上农产品加工企业营业收入（万亿元）	14.5	18.1	19.1	17.6
（三）规模以上农产品加工企业从业人员年平均数（万人）	1 097.0	1 228.2	1 223.5	1 142.1
二、特色产业				
（一）乡村特色产业专业村镇（个）			4 068	4 068
（二）全国优势特色产业集群（个）			140	180
三、农村创业				
（一）返乡入乡创业人数（万人）	1 010	1 120	1 220	1 320
（二）返乡入乡创业人员平均年龄（岁）	46.4	46.3	47	46.6
（三）农民工占返乡入乡创业人员比例（%）	70.1	70.5	70.3	69.1

家庭农场

单位：万家

指　　标	2020	2021	2022	2023
全国各级农业农村部门认定或备案家庭农场	348.1	391.4	393.4	395.5

注：2020年起，将符合条件的种养大户、专业大户纳入家庭农场名录。

龙头企业

指　　标	2020	2021	2022	2023
一、农业产业化龙头企业总数（万家）	9.1	9.0	9.1	9.4
二、国家重点龙头企业数量（家）	1 547	1 959	1 952	2 285
三、省级以上重点龙头企业数量（万家）	1.7	1.97	2.3	2.4

农垦

年份	农场个数（个）	土地总面积（万亩）				
			耕地#	橡胶#	茶园#	果园#
1978	2 038	44 860.4	6 426.0	451.5	45.5	105.5
1980	2 093	42 971.3	6 684.3	483.0	52.5	116.0
1985	2 055	43 134.3	5 972.7	569.9	66.0	136.2
1990	2 159	54 248.7	6 640.8	602.1	68.0	191.6
1991	2 166	57 417.8	6 696.2	602.0	67.7	197.0
1992	2 149	56 959.4	6 774.9	601.8	67.5	198.8
1993	2 159	57 430.7	6 724.5	589.5	67.8	222.8
1994	2 157	57 430.7	6 736.8	575.4	66.0	241.7
1995	2 129	58 835.9	6 840.2	565.8	62.7	253.4
1996	2 128	58 835.9	7 050.6	566.3	59.3	252.6
1997	2 115	58 835.9	7 146.3	572.6	58.1	253.8
1998	2 101	58 835.9	7 225.1	571.4	55.4	263.1
1999	2 051	58 835.9	7 254.0	576.5	52.4	273.9
2000	2 026	52 720.4	7 205.3	573.5	51.2	290.5
2001	1 961	58 302.8	7 221.9	567.5	49.1	316.4
2002	1 945	56 950.5	7 118.0	578.0	46.8	345.0
2003	1 967	56 999.3	7 035.2	606.5	44.4	336.6
2004	1 928	56 726.0	7 230.2	595.5	45.9	347.1
2005	1 923	56 263.1	7 557.2	636.3	45.5	362.0
2006	1 896	56 957.9	7 780.5	669.2	46.4	395.4
2007	1 885	55 432.4	7 962.2	698.7	47.7	417.2
2008	1 893	55 592.6	8 248.4	707.7	47.3	445.1
2009	1 818	54 859.7	8 397.5	697.8	47.0	483.9
2010	1 807	54 072.5	8 984.0	704.1	47.0	557.9
2011	1 785	54 749.1	9 174.5	693.6	45.6	570.0
2012	1 786	54 891.9	9 185.6	664.5	43.4	587.3
2013	1 779	55 623.2	9 315.8	671.1	45.3	603.2
2014	1 789	54 281.9	9 364.1	635.1	42.8	610.4
2015	1 785	57 104.9	9 488.1	680.4	42.8	627.0
2016	1 781	57 835.2	9 670.4	680.4	43.4	627.8
2017	1 758	57 457.8	9 683.4	632.0	42.6	627.0
2018	1 759	53 709.8	9 629.6	658.7	41.0	617.0
2019	1 843	51 647.3	9 725.6	638.1	47.8	606.3
2020	1 828	48 985.6	9 774.9	611.0	44.7	605.0
2021	1 799	49 887.9	10 314.9	602.2	45.4	591.7
2022	1 787	52 789.8	10 558.4	598.5	46.3	583.0
2023	1 776	52 492.1	10 811.3	591.7	50.4	578.3

农垦（续表）

年份	生产总值（现价，亿元）	第一产业#	第二产业#	第三产业#	农垦总人口（万人）	职工人数（万人）	职工平均工资（元/人·年）
1978	75.4	43.7	23.4	8.2	1 095.8	514.0	483
1980	95.9	52.6	30.2	13.0	1 136.9	492.1	682
1985	148.6	72.6	54.5	21.4	1 126.4	492.4	880
1990	222.2	112.1	75.0	35.1	1 181.1	526.3	1 647
1991	243.9	109.4	90.7	43.8	1 194.0	536.6	1 774
1992	275.9	115.9	107.6	52.4	1 206.0	541.9	1 905
1993	340.7	131.3	137.7	71.7	1 214.6	532.3	2 162
1994	452.8	192.4	158.1	102.3	1 222.2	517.5	2 910
1995	565.0	260.3	177.3	127.4	1 233.1	502.1	3 677
1996	622.2	293.3	179.2	149.8	1 238.9	488.3	4 031
1997	665.3	323.2	189.3	152.8	1 251.8	473.1	4 496
1998	687.0	324.1	193.9	169.0	1 249.2	437.5	4 597
1999	679.9	299.0	201.1	179.8	1 220.3	417.8	4 615
2000	720.6	311.3	219.2	190.1	1 198.5	391.9	5 384
2001	785.0	318.4	244.2	222.4	1 212.6	366.0	5 659
2002	883.5	358.4	271.2	254.0	1 216.4	355.7	6 238
2003	1 025.2	434.1	307.9	283.2	1 240.5	353.7	6 741
2004	1 171.2	496.6	350.0	324.5	1 244.5	339.6	7 455
2005	1 358.7	560.4	417.2	381.0	1 259.5	335.9	8 255
2006	1 649.5	631.5	556.4	461.6	1 279.2	329.3	9 261
2007	1 981.5	729.7	711.8	540.0	1 287.3	330.1	10 712
2008	2 356.1	841.9	884.3	629.9	1 303.9	334.5	12 069
2009	2 738.6	952.3	1 050.6	735.7	1 316.8	339.7	14 171
2010	3 382.7	1 171.3	1 341.7	869.7	1 332.3	330.8	16 510
2011	4 212.5	1 395.0	1 748.6	1 068.9	1 352.5	329.3	19 856
2012	5 073.2	1 545.5	2 163.9	1 363.8	1 361.2	317.5	22 584
2013	5 957.4	1 725.5	2 616.6	1 615.3	1 412.7	319.1	27 660
2014	6 420.4	1 743.5	2 866.3	1 810.7	1 420.3	299.2	28 224
2015	6 902.8	1 768.1	3 132.7	2 001.7	1 446.0	287.6	30 553
2016	7 365.5	1 800.9	3 338.8	2 225.8	1 442.7	276.7	31 844
2017	7 913.6	1 907.5	3 570.3	2 435.8	1 455.2	271.5	34 330
2018	8 155.5	1 885.9	3 516.8	2 752.7	1 433.2	192	36 772
2019	7 886.3	1 828.4	3 290.0	2 767.9	1 438.4	215	46 192
2020	8 279.8	1 982.3	3 288.9	3 008.6	1 404.3	247	48 123
2021	9 267.9	2 162.9	3 793.8	3 311.2	1 406.2	232	52 033
2022	9 568.5	2 228.3	3 902.7	3 437.6	1 412.2	229	53 433
2023	9 903.3	2 332.9	3 911.2	3 659.2	1 425.9	221	56 319

分地区农机作业和服务组织情况 2023

地 区	(一) 机耕面积（万亩）	机械深松深耕面积[#]	(二) 机播面积（万亩）	(三) 机电灌溉面积（万亩）
全 国	**196 036.9**	**38 498.5**	**164 033.5**	**87 317.5**
北 京	140.1	29.8	158.8	81.3
天 津	492.4	92.2	604.9	468.6
河 北	8 004.3	939.8	10 498.5	7 686.8
山 西	4 306.2	1 417.2	4 186.7	1 615.2
内蒙古	10 258.8	4 171.0	12 213.6	4 666.5
辽 宁	6 045.9	952.0	5 763.7	1 387.7
吉 林	5 560.7	1 166.2	8 949.2	1 688.9
黑龙江	19 561.7	6 925.3	22 906.6	5 495.2
上 海	409.8	103.8	185.6	0.0
江 苏	10 707.9	692.4	9 213.4	7 289.3
浙 江	2 126.8	69.7	1 060.0	1 232.7
安 徽	11 586.7	1 013.2	10 163.3	6 392.2
福 建	1 510.1	143.6	490.9	512.7
江 西	7 172.4	639.2	3 882.1	2 378.8
山 东	9 565.0	2 245.3	14 903.2	9 570.0
河 南	14 371.4	4 008.0	18 427.0	8 912.2
湖 北	9 682.9	720.3	5 705.7	5 070.2
湖 南	9 836.6	1 196.7	4 305.0	3 932.3
广 东	6 137.3	684.5	1 351.5	2 733.4
广 西	8 116.7	437.1	2 553.9	1 040.2
海 南	674.8	97.5	68.1	243.5
重 庆	4 365.0	95.4	974.5	521.2
四 川	11 940.2	89.5	4 759.9	3 231.6
贵 州	5 588.5	0.01	555.9	714.3
云 南	4 456.7	974.5	849.0	1 745.8
西 藏	300.3	87.1	244.4	23.8
陕 西	5 109.7	1 081.1	3 631.7	1 335.5
甘 肃	5 699.0	2 576.4	3 629.6	1 290.8
青 海	701.7	328.7	576.0	58.1
宁 夏	1 667.9	784.8	1 426.2	295.9
新 疆	7 688.0	2 836.7	7 506.3	4 146.5
新疆兵团	2 251.3	1 899.5	2 288.0	1 556.5

分地区农机作业和服务组织情况 2023（续表）

地　区	（四）机械植保面积（万亩）	（五）机收面积（万亩）	（六）农机跨区作业面积（万亩）
全　国	**135 571.3**	**174 101.7**	**31 511.3**
北　京	99.2	123.0	16.1
天　津	505.7	581.7	178.4
河　北	6 882.2	9 489.7	2 052.4
山　西	1 684.4	3 371.8	105.1
内蒙古	7 923.8	10 687.1	681.8
辽　宁	2 876.4	4 842.4	532.3
吉　林	6 142.5	8 507.1	993.3
黑龙江	20 716.4	22 731.3	916.3
上　海	405.7	185.5	23.1
江　苏	10 079.0	9 325.3	2 858.9
浙　江	2 011.3	1 394.2	478.9
安　徽	9 484.0	11 430.2	3 840.9
福　建	1 130.5	983.7	140.2
江　西	2 791.9	6 097.0	528.4
山　东	10 434.9	14 344.2	2 971.9
河　南	10 187.1	18 207.1	4 316.2
湖　北	8 299.9	7 377.9	1 593.5
湖　南	4 997.1	8 023.9	770.9
广　东	2 657.2	3 132.3	718.1
广　西	1 206.2	5 179.0	792.7
海　南	328.0	432.2	51.1
重　庆	979.0	2 077.1	395.2
四　川	5 435.2	6 143.9	1 757.0
贵　州	632.8	1 954.6	302.3
云　南	2 918.3	1 349.1	170.0
西　藏	48.0	244.9	3.6
陕　西	3 229.5	3 411.4	778.0
甘　肃	1 908.5	3 367.1	1 000.6
青　海	311.1	515.1	67.3
宁　夏	666.1	1 252.8	201.1
新　疆	6 813.0	5 386.8	1 589.4
新疆兵团	1 786.4	1 952.4	686.3

分地区农机作业和服务组织情况 2023（续表）

地 区	一、农机服务组织		二、乡村农机从业人员（人）	三、农机服务收入（万元）
	年末机构数（个）	年末人数（人）		
全 国	**195 606**	**2 103 348**	**49 928 434**	**48 290 124.5**
北 京	225	1 541	17 604	17 040.4
天 津	214	5 456	60 986	93 807.0
河 北	5 533	62 072	3 268 079	1 964 047.2
山 西	4 625	30 531	704 283	870 216.0
内蒙古	4 448	44 837	1 797 205	1 860 960.1
辽 宁	5 141	59 506	831 064	1 123 882.9
吉 林	9 731	94 947	1 353 191	1 770 974.0
黑龙江	22 623	92 848	1 741 918	1 776 831.0
上 海	309	2 186	14 136	35 561.0
江 苏	12 203	410 864	1 559 645	4 334 624.5
浙 江	3 519	28 043	546 315	791 236.1
安 徽	11 107	125 061	3 840 352	5 555 295.5
福 建	1 036	23 205	698 424	634 188.5
江 西	12 700	82 445	1 403 260	1 791 193.0
山 东	21 428	209 603	4 675 254	4 392 255.7
河 南	13 757	154 356	5 774 998	2 807 993.0
湖 北	6 744	148 832	2 249 249	2 436 913.0
湖 南	19 194	132 682	2 799 088	3 649 823.0
广 东	2 542	27 958	1 226 209	1 437 256.6
广 西	3 073	42 799	3 295 941	2 948 979.1
海 南	181	1 158	243 491	332 462.0
重 庆	4 831	86 494	1 377 979	379 082.0
四 川	16 449	84 735	2 841 383	1 756 905.0
贵 州	1 951	21 016	1 114 734	270 812.9
云 南	1 000	14 836	2 251 208	940 986.9
西 藏	231	2 467	321 149	15 277.0
陕 西	2 358	36 668	1 104 253	1 072 764.4
甘 肃	4 674	38 792	1 393 248	946 504.0
青 海	853	4 976	268 423	85 669.0
宁 夏	473	6 700	359 575	261 091.0
新 疆	1 676	21 102	690 707	1 559 165.8
新疆兵团	777	4 632	105 083	376 327.0

农户家庭承包耕地流转 2023

指　　标	单位	数量	比上年增减（%）
一、耕地承包情况			
（一）家庭承包经营的耕地面积	万亩	156 623.55	－0.2
（二）家庭承包经营的农户数	万户	22 077.26	0.1
（三）家庭承包合同份数	万份	21 532.60	0.1
（四）颁发土地承包经营权证份数	万份	21 131.75	0.5
（五）机动地面积	万亩	7 565.04	0.5
二、家庭承包耕地流转情况			
（一）家庭承包耕地流转总面积	万亩	59 139.46	2.6
1. 出租（转包）	万亩	52 556.11	3.6
2. 入股	万亩	3 012.03	0.6
3. 其他形式	万亩	3 571.32	－8.1
（二）家庭承包耕地流转去向			
1. 流转入农户的面积	万亩	27 491.22	1.9
2. 流转入家庭农场的面积	万亩	9 343.76	5.9
3. 流转入专业合作社的面积	万亩	12 257.47	4.9
4. 流转入企业的面积	万亩	6 027.87	1.3
5. 流转入其他主体的面积	万亩	4 019.15	－4.3
（三）流转用于粮食作物种植的面积	万亩	37 686.37	8.4

分地区农户家庭承包耕地流转 2023

地　区	农户家庭承包耕地流转面积（万亩）
全　国	**59 139.5**
北　京	271.2
天　津	191.6
河　北	3 624.4
山　西	765.1
内蒙古	3 888.9
辽　宁	1 723.0
吉　林	2 820.6
黑龙江	6 524.7
上　海	149.6
江　苏	3 371.7
浙　江	1 162.1
安　徽	4 742.1
福　建	497.1
江　西	1 971.9
山　东	4 424.2
河　南	3 665.1
湖　北	3 109.8
湖　南	2 442.7
广　东	2 006.1
广　西	1 134.6
海　南	25.1
重　庆	1 397.3
四　川	2 581.9
贵　州	759.1
云　南	1 417.9
西　藏	
陕　西	1 164.4
甘　肃	1 550.3
青　海	230.8
宁　夏	368.3
新　疆	1 157.9

分地区农村集体产权制度改革情况 2023

地　区	完成经营性资产股份合作制改革村数（个）	确认集体成员数（万个）
全　国	**558 912**	**92 728.9**
北　京	3 832	367.3
天　津	3 635	395.4
河　北	49 051	5 634.3
山　西	23 176	2 146.2
内蒙古	11 115	1 366.7
辽　宁	12 390	2 004.0
吉　林	9 292	1 512.3
黑龙江	10 033	1 758.2
上　海	1 595	409.7
江　苏	17 463	5 335.5
浙　江	22 779	3 700.6
安　徽	16 231	5 525.1
福　建	15 198	3 471.4
江　西	17 488	3 697.2
山　东	85 548	7 202.8
河　南	48 802	8 962.7
湖　北	22 272	4 507.4
湖　南	26 396	4 738.7
广　东	22 494	4 549.1
广　西	15 124	4 254.5
海　南	2 807	207.4
重　庆	9 013	2 346.2
四　川	30 018	6 383.5
贵　州	16 428	3 194.6
云　南	13 454	1 888.5
西　藏	4 489	326.2
陕　西	17 563	2 765.1
甘　肃	16 054	2 053.0
青　海	4 066	402.8
宁　夏	2 215	416.0
新　疆	8 891	1 206.3

农　　村

农村基层组织情况

年份	乡镇数（个）	乡#	镇#	村民委员会（个）
1978	52 781			
1980	54 183			
1985	72 153	62 851	9 302	948 628
1990	55 838	44 446	11 392	1 001 272
1991	55 542	43 660	11 882	1 018 593
1992	48 250	34 115	14 135	1 004 349
1993	48 179	32 956	15 223	1 012 756
1994	48 075	31 642	16 433	1 006 541
1995	47 136	29 854	17 282	931 716
1996	45 484	27 486	17 998	928 312
1997	44 689	26 287	18 402	905 804
1998	45 462	26 402	19 060	823 987
1999	44 741	25 557	19 184	801 483
2000	43 735	24 043	19 692	731 659
2001	40 161	20 606	19 555	699 974
2002	39 054	19 243	19 811	681 277
2003	38 028	18 440	19 588	663 486
2004	36 952	17 781	19 171	644 166
2005	35 509	16 621	18 888	629 079
2006	34 461	15 627	18 832	623 669
2007	34 052	15 468	18 584	612 709
2008	34 301	15 067	19 234	604 285
2009	34 170	14 848	19 322	599 078
2010	33 981	14 571	19 410	594 658
2011	33 270	13 587	19 683	589 653
2012	33 162	13 281	19 881	588 475
2013	32 929	12 812	20 117	588 547
2014	32 683	12 282	20 401	585 451
2015	31 830	11 315	20 515	580 856
2016	31 755	10 872	20 883	559 186
2017	31 645	10 529	21 116	554 218
2018	31 550	10 253	21 297	542 019
2019	30 210	9 222	20 988	533 073
2020	29 966	8 809	21 157	502 057
2021	29 631	8 309	21 322	489 573
2022	29 616	8 227	21 389	489 403
2023	29 611	8 190	21 421	

1984 年以来全国及分地区村民委员会个数

单位：个

地 区	1984	1985	1990	2000	2010
全 国	927 311	948 628	1 001 272	731 659	594 658
北 京	4 398	4 404	4 481	4 039	3 944
天 津	3 836	3 821	3 824	3 834	3 828
河 北	50 208	50 390	50 493	49 433	48 971
山 西	30 861	32 229	34 105	32 253	28 120
内蒙古	13 479	13 557	13 716	13 498	11 251
辽 宁	15 672	15 764	15 887	15 924	11 166
吉 林	10 087	10 070	10 277	10 054	8 989
黑龙江	14 308	14 466	14 616	17 285	9 057
上 海	3 037	3 014	3 020	2 771	1 739
江 苏	35 908	36 024	35 443	32 573	15 803
浙 江	42 254	43 094	42 893	42 037	29 303
安 徽	30 113	36 033	31 364	29 735	15 546
福 建	15 307	15 209	14 988	14 834	14 432
江 西	20 004	19 902	21 485	20 518	16 934
山 东	88 199	88 913	89 046	87 504	72 943
河 南	46 565	46 570	47 715	48 206	47 311
湖 北	32 582	32 303	32 703	32 001	25 763
湖 南	47 190	47 390	47 601	47 525	42 863
广 东	142 286	136 172	117 202	21 942	19 506
广 西	13 729	13 873	76 073	14 750	14 355
海 南			11 150	2 568	2 567
重 庆				20 569	8 605
四 川	75 915	75 881	76 998	54 996	47 368
贵 州	25 581	25 701	25 902	25 696	17 672
云 南	91 517	105 587	106 631	14 968	12 619
西 藏	10 108	14 675	7 451	6 354	5 261
陕 西	32 707	32 536	32 400	31 355	27 313
甘 肃	17 387	16 469	17 490	18 034	16 150
青 海	4 220	3 944	4 084	4 129	4 160
宁 夏	2 390	2 438	2 491	2 718	2 320
新 疆	7 463	8 199	9 743	9 556	8 799

1984年以来全国及分地区村民委员会个数（续表）

单位：个

地 区	2011	2012	2013	2014	2015
全 国	589 653	588 475	588 547	585 451	580 856
北 京	3 941	3 940	3 938	3 937	3 936
天 津	3 784	3 782	3 707	3 698	3 686
河 北	48 969	48 721	48 703	48 636	48 974
山 西	28 110	28 127	28 273	28 072	28 087
内蒙古	10 949	11 296	11 173	11 192	11 110
辽 宁	11 558	11 416	11 609	11 558	11 569
吉 林	9 172	9 109	9 224	9 313	9 327
黑龙江	8 992	8 988	8 906	8 902	9 077
上 海	1 702	1 613	1 610	1 605	1 593
江 苏	15 625	15 173	14 538	14 428	14 486
浙 江	28 812	28 798	28 339	27 997	27 901
安 徽	14 882	15 054	14 925	14 786	14 688
福 建	14 435	14 435	14 441	14 440	14 429
江 西	16 937	16 961	16 918	17 011	16 947
山 东	71 625	71 570	74 798	73 388	73 811
河 南	47 347	47 140	46 997	46 938	46 925
湖 北	25 643	25 575	25 452	25 448	25 109
湖 南	42 539	42 018	41 922	41 523	40 448
广 东	19 034	19 180	19 257	19 347	19 632
广 西	14 355	14 345	14 313	14 291	14 273
海 南	2 567	2 568	2 570	2 561	2 561
重 庆	8 575	8 467	8 318	8 255	8 220
四 川	46 805	46 604	46 492	46 318	46 240
贵 州	17 583	18 099	16 859	16 747	16 612
云 南	12 344	12 292	12 137	12 035	12 024
西 藏	5 259	5 259	5 255	5 255	5 257
陕 西	27 100	26 890	26 751	26 608	22 743
甘 肃	15 736	16 053	16 022	15 957	16 032
青 海	4 170	4 170	4 170	4 157	4 143
宁 夏	2 294	2 231	2 269	2 274	2 272
新 疆	8 809	8 601	8 661	8 774	8 744

1984年以来全国及分地区村民委员会个数（续表）

单位：个

地区	2016	2017	2018	2019	2020	2021	2022
全国	559 186	554 218	542 019	533 073	502 057	489 573	489 403
北京	3 941	3 920	3 915	3 891	3 887	3 784	3 783
天津	3 681	3 680	3 556	3 543	3 519	3 519	3 520
河北	48 860	48 671	48 724	48 718	48 709	48 428	48 483
山西	28 106	27 881	26 623	25 385	22 391	19 086	18 838
内蒙古	11 078	11 053	11 057	11 058	11 062	11 027	11 036
辽宁	11 555	11 598	11 586	11 589	11 567	11 566	11 566
吉林	9 327	9 327	9 325	9 325	9 343	9 342	9 338
黑龙江	9 050	8 968	8 967	8 967	9 027	9 026	9 026
上海	1 590	1 585	1 572	1 570	1 562	1 556	1 556
江苏	14 477	14 462	14 410	14 202	14 045	13 767	13 715
浙江	27 568	27 458	24 711	20 402	19 806	19 785	19 771
安徽	14 586	14 482	14 516	14 527	14 427	14 253	14 281
福建	14 407	14 399	14 358	14 336	14 320	14 267	14 268
江西	17 046	17 033	17 004	17 005	16 979	16 989	16 984
山东	74 217	74 167	69 599	69 546	58 868	54 621	54 484
河南	46 831	46 198	45 651	45 595	45 148	44 700	44 615
湖北	25 064	24 970	23 392	22 653	22 665	21 626	21 401
湖南	23 955	23 906	23 897	23 866	23 792	23 704	23 634
广东	19 734	19 785	19 792	19 801	19 425	19 430	19 431
广西	14 276	14 258	14 229	14 221	14 220	14 172	14 166
海南	2 552	2 562	2 558	2 561	2 537	2 532	2 713
重庆	8 064	8 090	8 031	8 015	7 977	7 956	7 947
四川	45 945	45 683	45 524	43 481	26 881	26 092	26 083
贵州	14 619	13 436	13 295	13 231	13 196	13 216	13 675
云南	11 971	11 905	11 865	11 869	11 825	11 722	11 713
西藏	5 259	5 259	5 266	5 290	6 583	5 313	5 303
陕西	20 277	18 116	17 022	16 996	16 905	16 859	16 850
甘肃	16 027	16 039	16 062	16 011	16 010	15 923	15 925
青海	4 146	4 147	4 144	4 144	4 144	4 149	4 149
宁夏	2 275	2 260	2 257	2 259	2 244	2 212	2 207
新疆	8 702	8 920	9 111	9 016	8 993	8 951	8 942

乡村人口及所占比重

年份	全国总人口（万人）	乡村人口#	所占比重（%）
1978	96 259	79 014	82.1
1980	98 705	79 565	80.6
1985	105 851	80 757	76.3
1990	114 333	84 138	73.6
1991	115 823	84 620	73.1
1992	117 171	84 996	72.5
1993	118 517	85 344	72.0
1994	119 850	85 681	71.5
1995	121 121	85 947	71.0
1996	122 389	85 085	69.5
1997	123 626	84 177	68.1
1998	124 761	83 153	66.6
1999	125 786	82 038	65.2
2000	126 743	80 837	63.8
2001	127 627	79 563	62.3
2002	128 453	78 241	60.9
2003	129 227	76 851	59.5
2004	129 988	75 705	58.2
2005	130 756	74 544	57.0
2006	131 448	73 160	55.7
2007	132 129	71 496	54.1
2008	132 802	70 399	53.0
2009	133 450	68 938	51.7
2010	134 091	67 113	50.1
2011	134 916	64 989	48.2
2012	135 922	63 747	46.9
2013	136 726	62 224	45.5
2014	137 646	60 908	44.2
2015	138 326	59 024	42.7
2016	139 232	57 308	41.2
2017	140 011	55 668	39.8
2018	140 541	54 108	38.5
2019	141 008	52 582	37.3
2020	141 212	50 922	36.1
2021	141 260	49 835	35.3
2022	141 175	49 104	34.8
2023	140 967	47 700	33.8

注：1. 1990年、2000年、2010年和2020年数据为当年人口普查推算数，其余年份数据为人口抽样调查推算数据。

2. 本表总人口中包括现役军人，按城镇人口计。

城乡固定资产投资对比

单位：亿元

年份	全社会固定资产投资	固定资产投资（不含农户）#	农村住户#
1995	20 019	15 644	2 008
1996	22 974	17 567	2 544
1997	24 941	19 194	2 691
1998	28 406	22 491	2 682
1999	29 855	23 732	2 780
2000	32 918	26 222	2 904
2001	37 214	30 001	2 977
2002	43 500	35 489	3 123
2003	53 841	44 389	3 201
2004	66 235	55 475	3 363
2005	80 994	68 514	3 941
2006	97 583	82 830	4 436
2007	118 323	101 212	5 123
2008	144 587	124 434	5 952
2009	181 760	156 933	7 435
2010	218 834	189 964	7 886
2011	223 646	195 947	9 089
2012	263 770	231 905	9 841
2013	308 312	271 939	10 547
2014	349 732	309 575	10 756
2015	379 873	337 418	10 410
2016	406 406	362 056	9 965
2017	431 526	385 372	9 554
2018	456 981	408 176	10 039
2019	439 541	430 145	9 396
2020	451 155	442 791	8 363
2021	473 003	464 665	8 337
2022	495 966	488 549	7 418
2023	509 708	503 036	6 672

注：自 2011 年起，城镇固定资产投资数据发布口径改为固定资产投资（不含农户）。

农村住户固定资产投资情况

单位：亿元

指　　标	2013	2014	2015	2016	2017
农村住户固定资产投资完成额	10 546.7	10 755.8	10 409.8	9 964.9	9 554.4
一、按统计构成分					
1. 建筑工程	8 072.6	8 620.4	8 426.4	7 903	7 339.9
水利	34.1	38.4	41.4	36.9	40.9
住宅	7 387.3	7 726.8	7 501.7	7 010.3	6 424.3
2. 安装工程	17.6	13.7	8.8	8.0	7.9
3. 设备工具器具购置	1 778.1	1 617.7	1 587.4	1 529.1	1 589.9
生产设备	1 604.7	1 557.2	1 562.9	1 515.6	1 575.9
4. 其他	678.4	503.9	387.2	524.9	616.7
二、按投资方向分					
农林牧渔业	2 077.6	1 999.8	1 980.3	2 079.2	2 069.7
采矿业	2.0	1.7	0.6	0.6	1.2
制造业	120.5	127.5	137.0	126.1	94.3
电力、燃气及水的生产和供应业	5.8	4.7	13.1	11.8	11.4
建筑业	137.4	91.7	59.9	37.5	191.0
批发零售业	121.2	247.6	243.5	227.8	238.1
交通运输、仓储和邮政业	436.9	326.1	225.2	261.9	264.0
住宿和餐饮业	29.9	41.3	42.4	28.9	38.3
房地产业	7 429.8	7 789.9	7 578.1	7 075.7	6 491.9
租赁和商务服务业	18.6	11.6	12.1	26.2	52.9
居民服务和其他服务业	104.9	96.1	102.1	74.33	66.5

农村住户固定资产投资情况（续表）

单位：亿元

指　　标	2018	2019	2020	2021	2022	2023
农村住户固定资产投资完成额	10 039.2	9 396.2	8 363.3	8 337.1	7 417.3	6 671.9
一、按统计构成分						
1. 建筑工程	7 632.1	7 065.7	6 041.9	5 569.4	5 282.7	4 678.4
水利	54.5	51.5	59.3	53.8	66.3	69.4
住宅	6 645.4	5 991.9	4 778.8	4 451.7	4 200.1	3 767.2
2. 安装工程	7.9	7.7	7.1	5.9	4.2	
3. 设备工具器具购置	1 622.0	1 567.5	1 327.2	1 660.4	1 467.1	1 339.3
生产设备	1 608.3	1 536.5	1 322.5	1 658.5	1 463.6	1 339.3
4. 其他	777.3	755.3	987.0	1 101.4	663.3	654.1
二、按投资方向分						
农林牧渔业	2 254.1	2 286.9	2 577.6	2 652.8	2 434.8	2 090.7
采矿业	1.6	1.7	1.3	0.9		0.3
制造业	127.3	135.6	118.1	134.7	105.6	116.4
电力、燃气及水的生产和供应业	14.8	16.6	6.4	14.8	13.8	11.4
建筑业	68.8	106.8	62.6	176.1	144.7	104.0
批发零售业	309.5	262.4	119.7	351.6	214.1	184.0
交通运输、仓储和邮政业	324.1	289.3	507.1	281.8	228.5	284.8
住宿和餐饮业	119.4	71.7	35.3	68.1	37.1	48.0
房地产业	6 681.4	6 031.2	4 839.8	4 542.1	4 120.8	3 748.7
租赁和商务服务业	34.8	53.1	8.5	16.3	16.4	23.1
居民服务和其他服务业	79.8	77.4	76.0	73.1	89.0	44.2

农村环境

指 标	2018	2019	2020	2021	2022	2023
卫生厕所普及率（%）	56.0	60.0	68.0	70.0	73.0	75.0
农村生活污水治理率（%）			25.5	28.0	34.0	40.0
农村生活垃圾进行收运处理的行政村比例（%）	80.0	84.0	90.0	90.0	90.0	90.0
太阳能热水器（万平方米）	8 805.4	8 476.7	8 420.7	8 084.1	7 791.8	7 798.5
太阳灶（万台）	213.6	183.6	170.6	133.4	80.2	73.6

注：农村生活污水治理率来源生态环境部，农村生活垃圾进行收运处理的行政村比例来源住房和城乡建设部。

农村教育

指　标	单位	2000	2013	2014	2015	2016	2017
一、高中							
学校数	所	2 629	708	667	668	652	675
班数	万个	2.9	1.5	1.5	1.5	1.5	1.5
毕业生数	万人	39.2	26.0	25.2	24.7	23.3	23.1
招生数	万人	64.4	28.1	27.0	27.0	27.0	27.8
在校生数	万人	157.8	81.5	78.6	77.0	75.7	77.9
专任教师	万人	10.4	5.5	5.5	5.5	5.5	5.7
二、初中							
学校数	所	39 313	18 485	17 707	16 991	16 171	15 288
班数	万个	60.1	17.8	16.6	15.7	15.1	14.7
毕业生数	万人	903.8	313.9	251.1	235.3	224.7	207.9
招生数	万人	1 265.9	274.5	249.7	232.3	227.1	224.0
在校生数	万人	3 428.5	814.5	748.5	702.5	667.0	643.4
专任教师	万人	168.2	73.1	68.5	64.5	60.8	57.5
三、小学							
学校数	万所	44.0	14.0	12.9	11.8	10.6	9.6
班数	万个	274.6	113.9	109.7	106.9	104.8	101.4
毕业生数	万人	1 567.6	560.3	474.3	440.9	432.3	430.8
招生数	万人	1 253.7	591.8	534.7	539.1	517.2	486.9
在校生数	万人	8 503.7	3 217.0	3 049.9	2 965.9	2 891.7	2 775.4
专任教师	万人	367.8	219.9	211.6	203.6	197.5	177.2

注：高中包括完全中学在内。

农村教育（续表）

指　标	单位	2018	2019	2020	2021	2022	2023
一、高中							
学校数	所	710	740	777	803	848	881
班数	万个	1.7	1.7	1.9	2.1	2.3	2.5
毕业生数	万人	24.1	24.9	24.9	24.8	27.5	31.6
招生数	万人	28.5	30.8	34.6	37.5	41.1	43.4
在校生数	万人	82.1	82.9	90.5	98.9	109.3	119.5
专任教师	万人	6.1	6.4	7.0	7.6	8.2	9.1
二、初中							
学校数	所	14 792	14 477	14 241	13 521	12 845	12 394
班数	万个	14.9	15.0	14.9	14.3	13.8	13.4
毕业生数	万人	198	201.8	208.9	207.4	198.9	189.3
招生数	万人	224.2	216.4	206.4	204.6	195.6	184.6
在校生数	万人	648.4	650.4	637.8	609.9	590.7	575.0
专任教师	万人	56.3	55.8	55.6	53.5	51.3	49.6
三、小学							
学校数	万所	9.1	8.9	8.6	8.2	7.6	7.1
班数	万个	98.4	95.3	92.1	86	78.8	71.5
毕业生数	万人	428.6	410.1	386.2	388.1	365.9	346.1
招生数	万人	470.8	439.9	396.1	343.7	287.9	266.5
在校生数	万人	2 666.4	2 557.5	2 450.5	2 247.4	2 029.7	1 838.6
专任教师	万人	171.7	167.9	178.7	169.8	157.7	145.7

村卫生室

年份	村卫生室（个）					
	合计	村办	乡卫生院设点	联合办	私人办	其他
1985	777 674	305 537	29 769	88 803	323 904	29 661
1990	803 956	266 137	29 963	87 149	381 844	38 863
1995	804 352	297 462	36 388	90 681	354 981	22 876
2000	709 458	300 864	47 101	89 828	255 179	16 486
2005	583 209	313 633	32 396	38 561	180 403	18 216
2006	609 128	333 790	34 803	36 805	186 524	17 206
2007	613 855	340 082	33 633	33 649	186 841	19 650
2008	613 143	342 692	40 248	31 698	180 157	18 348
2009	632 770	350 515	45 434	31 035	183 699	22 087
2010	648 424	365 153	49 678	32 650	177 080	23 863
2011	662 894	372 661	56 128	33 639	175 747	24 719
2012	653 419	370 099	58 317	32 278	167 025	25 700
2013	648 619	371 579	59 896	32 690	158 811	25 643
2014	645 470	349 428	59 396	29 180	160 549	46 917
2015	640 536	353 196	60 231	29 208	153 353	44 548
2016	638 763	351 016	60 419	29 336	152 164	45 828
2017	632 057	349 025	63 598	28 687	147 046	43 701
2018	622 001	342 062	65 495	28 353	141 623	44 468
2019	616 094	339 525	69 091	27 626	134 575	45 277
2020	608 828	337 868	71 858	26 817	125 503	46 782
2021	599 292	338 065	67 551	26 751	118 322	48 603
2022	587 749	335 704	64 325	25 367	109 640	52 713
2023	581 964	340 502	62 695	24 630	102 409	51 728

分地区农村卫生室和人员情况 2023

地 区	村卫生室 (个)	乡村医生和 卫生员 (人)
全 国	**581 964**	**622 079**
北 京	2 774	2 273
天 津	2 196	2 641
河 北	59 321	53 117
山 西	22 566	24 099
内蒙古	12 812	12 114
辽 宁	16 401	14 490
吉 林	8 799	11 697
黑龙江	10 325	11 855
上 海	1 118	46
江 苏	14 671	19 476
浙 江	11 581	6 319
安 徽	15 546	22 681
福 建	16 487	14 760
江 西	27 059	27 506
山 东	51 541	63 961
河 南	59 447	62 598
湖 北	22 459	27 374
湖 南	36 126	26 473
广 东	25 127	18 289
广 西	18 589	26 760
海 南	2 663	2 385
重 庆	9 496	12 586
四 川	42 301	39 924
贵 州	19 643	23 268
云 南	13 588	28 713
西 藏	5 236	9 990
陕 西	21 611	16 872
甘 肃	16 272	16 061
青 海	4 469	5 683
宁 夏	2 142	2 477
新 疆	9 598	15 591

分地区可再生能源利用情况 2023

地区	户用沼气池数量（万个）	沼气工程数量（处）	太阳能热水器（万平方米）	太阳房（万平方米）	太阳灶（台）
全　国	**1 131.6**	**67 742**	**7 798.5**	**2 453.0**	**735 704**
北　京		17	79.0	46.1	
天　津	0.01	42	21.1	0.030	
河　北	17.3	456	622.5	291.4	707
山　西	0.5	168	37.1	2.3	8 837
内蒙古	8.7	180	83.4	24.3	2 419
辽　宁	21.6	418	61.7	50.9	91
吉　林		64	54.1	258.8	156
黑龙江	6.0	638	22.1	176.1	
上　海		30			
江　苏	20.3	3 175	1 057.5	0.5	
浙　江	1.2	3 342	541.0		
安　徽	35.6	1 245	564.5	0.7	
福　建	17.9	2 439	33.3		
江　西	3.5	1 617	200.3		
山　东	6.1	1 380	1 411.6	11.9	479
河　南	33.6	1 893	333.2		
湖　北	188.5	7 699	290.6		
湖　南	31.8	9 232	172.6	2.7	
广　东	2.6	15 612	126.6	0.2	
广　西	170.3	1 314	154.1		
海　南	4.7	1 954	389.2		
重　庆	13.9	4 168	43.3		
四　川	312.2	6 427	247.7	0.5	1 151
贵　州	48.6	1 040	73.2		
云　南	67.2	1 917	671.8		
西　藏			123.3	756.5	5 869
陕　西	4.3	519	2.2		205
甘　肃	100.5	479	241.2	827.2	624 536
青　海		8			
宁　夏	14.7	96	130.9	2.9	91 254
新　疆		173	9.3		

注：沼气工程数量和太阳能热水器全国数据包括北大荒农垦集团数据。

农　　民

乡村就业及农民工情况

年　份	乡村就业人员数（万人）	占全社会就业人员比重（%）	农民工总量（万人）			农民工月均收入（元）
				外出农民工#	本地农民工#	
1978	30 638	76.3				
1980	31 836	75.2				
1985	37 065	74.3				
1990	47 708	73.7				
1991	48 026	73.3				
1992	48 291	73.0				
1993	48 546	72.7				
1994	48 802	72.3				
1995	49 025	72.0				
1996	49 028	71.1				
1997	49 039	70.2				
1998	49 021	69.4				
1999	48 982	68.6				
2000	48 934	67.9				
2001	48 674	66.9				
2002	48 121	65.7				
2003	47 506	64.4				
2004	46 971	63.2				
2005	46 258	62.0				
2006	45 348	60.5				
2007	44 368	58.9				
2008	43 461	57.5	22 542	14 041	8 501	1 340
2009	42 506	56.1	22 978	14 533	8 445	1 417
2010	41 418	54.4	24 223	15 335	8 888	1 690
2011	40 193	52.7	25 278	15 863	9 415	2 049
2012	38 967	50.8	26 261	16 336	9 925	2 290
2013	37 774	49.5	26 894	16 610	10 284	2 609
2014	36 646	48.0	27 395	16 821	10 574	2 864
2015	35 404	46.4	27 747	16 884	10 863	3 072
2016	34 194	44.8	28 171	16 934	11 237	3 275
2017	32 850	43.2	28 652	17 185	11 467	3 485
2018	31 490	41.6	28 836	17 266	11 570	3 721
2019	30 198	40.0	29 077	17 425	11 652	3 962
2020	28 793	38.4	28 560	16 959	11 601	4 072
2021	27 879	37.3	29 251	17 172	12 079	4 432
2022	27 420	37.4	29 562	17 190	12 372	4 615
2023	27 009	36.5	29 753	17 658	12 095	4 780

注：农民工数量包括年内在本乡镇以外从业6个月及以上的外出农民工和在本乡镇内从事非农产业6个月及以上的本地农民工。

农村社会保障和脱贫人口就业

农村最低生活保障和社会救济

指　　标	2015	2016	2017	2018	2019
农村居民最低生活保障人数（万人）	4 903.6	4 586.5	4 045.2	3 519.1	3 456.1
农村最低生活保障户数（万户）	2 846.2	2 635.3	2 249.3	1 903.7	1 892.1
农村最低生活保障平均标准（元/人·年）	3 177.6	3 744.0	4 300.7	4 833.4	5 335.5
农村特困人员救助供养（万人）	516.7	496.9	466.8	455.0	439.1

指　　标	2020	2021	2022	2023
农村居民最低生活保障人数（万人）	3 621.5	3 474.5	3 349.6	3 399.7
农村最低生活保障户数（万户）	1 985.1	1 945.0	1 896.7	
农村最低生活保障平均标准（元/人·年）	5 962.3	6 362.2	6 985.2	7 455.6
农村特困人员救助供养（万人）	446.3	437.3	434.5	435.4

注：数据来源于民政部。

脱贫人口就业

指　　标	2021	2022	2023
脱贫人口务工就业人数（万人）	3 145.0	3 277.9	3 396.9

城乡居民人均可支配收入及倍差变化情况

年份	城镇居民人均可支配收入		农村居民人均可支配收入		城乡收入倍差（农村为 1）
	绝对数（元/人）	实际增速（%）	绝对数（元/人）	实际增速（%）	
1978	343.4		133.6		2.57
1980	477.6		191.3		2.50
1985	739.1		397.6		1.86
1990	1 510.2		686.3		2.20
1995	4 283.0		1 577.7		2.71
2000	6 255.7		2 282.1		2.74
2001	6 824.0		2 406.9		2.84
2002	7 652.4		2 528.9		3.03
2003	8 405.5		2 690.3		3.12
2004	9 334.8		3 026.6		3.08
2005	10 382.3		3 370.2		3.08
2006	11 619.7		3 731.0		3.11
2007	13 602.5		4 327.0		3.14
2008	15 549.4		4 998.8		3.11
2009	16 900.5		5 435.1		3.11
2010	18 779.1		6 272.4		2.99
2011	21 426.9	8.4	7 393.9	11.4	2.90
2012	24 126.7	9.6	8 389.3	10.7	2.88
2013	26 467.0	7.0	9 429.6	9.3	2.81
2014	28 843.9	6.8	10 488.9	9.2	2.75
2015	31 194.8	6.6	11 421.7	7.5	2.73
2016	33 616.2	5.6	12 363.4	6.2	2.72
2017	36 396.2	6.5	13 432.4	7.3	2.71
2018	39 250.8	5.6	14 617.0	6.6	2.69
2019	42 358.8	5.0	16 020.7	6.2	2.64
2020	43 833.8	1.2	17 131.5	3.8	2.56
2021	47 411.9	7.1	18 930.9	9.7	2.50
2022	49 282.9	1.9	20 132.8	4.2	2.45
2023	51 820.7	4.8	21 690.9	7.6	2.39

农村居民人均可支配收入及构成

指　　标	2014	2015	2016	2017	2018
可支配收入（元/人）	10 488.9	11 421.7	12 363.4	13 432.4	14 617.0
一、工资性收入	4 152.2	4 600.3	5 021.8	5 498.4	5 996.1
二、经营净收入	4 237.4	4 503.6	4 741.3	5 027.8	5 358.4
（一）第一产业经营净收入	2 998.6	3 153.8	3 269.6	3 391.0	3 489.5
1. 农业	2 306.8	2 412.2	2 439.7	2 523.6	2 608.0
2. 林业	177.3	170.6	165.9	176.5	187.0
3. 牧业	443.0	488.7	573.7	585.8	574.5
4. 渔业	71.4	82.3	90.3	105.2	120.0
（二）第二产业经营净收入	259.1	276.1	287.9	318.9	378.4
（三）第三产业经营净收入	979.6	1 073.7	1 183.8	1 318.0	1 940.5
三、财产净收入	222.1	251.5	272.1	303.0	342.1
四、转移净收入	1 877.2	2 066.3	2 328.2	2 603.2	2 920.5
可支配收入构成（%）	100.0	100.0	100.0	100.0	100.0
一、工资性收入	39.6	40.3	40.6	40.9	41.0
二、经营净收入	40.4	39.4	38.3	37.4	36.7
（一）第一产业经营净收入	28.6	27.6	26.4	25.2	23.9
1. 农业	22.0	21.1	19.7	18.8	17.8
2. 林业	1.7	1.5	1.3	1.3	1.3
3. 牧业	4.2	4.3	4.6	4.4	3.9
4. 渔业	0.7	0.7	0.7	0.8	0.8
（二）第二产业经营净收入	2.5	2.4	2.3	2.4	2.6
（三）第三产业经营净收入	9.3	9.4	9.6	9.8	13.3
三、财产净收入	2.1	2.2	2.2	2.3	2.3
四、转移净收入	17.9	18.1	18.8	19.4	20.0

农村居民人均可支配收入及构成（续表）

指 标	2019	2020	2021	2022	2023
可支配收入（元/人）	16 020.7	17 131.5	18 930.9	20 132.8	21 691
一、工资性收入	6 583.5	6 973.9	7 958.1	8 449.2	9 163
二、经营净收入	5 762.2	6 077.4	6 566.2	6 971.5	7 431
（一）第一产业经营净收入	3 730.2	3 978.1	4 291.7	4 567.2	4 631
1. 农业	2 740.1	2 887.6	3 209.8	3 443.1	3 523
2. 林业	196.7	185.6	231.0	212.8	217
3. 牧业	656.9	754.2	683.1	728.4	674
4. 渔业	136.5	150.7	167.9	182.9	217
（二）第二产业经营净收入	413.4	430.6	471.8	508.5	553
（三）第三产业经营净收入	1 618.6	1 668.7	1 802.6	1 895.9	2 247
三、财产净收入	377.3	418.8	469.4	509.0	540
四、转移净收入	3 297.8	3 661.3	3 937.2	4 203.1	4 557
可支配收入构成（%）	100.0	100.0	100.0	100.0	100.0
一、工资性收入	41.1	40.7	42.0	42.0	42.2
二、经营净收入	36.0	35.5	34.7	34.6	34.3
（一）第一产业经营净收入	23.3	23.2	22.7	22.7	21.3
1. 农业	17.1	16.9	17.0	17.1	16.2
2. 林业	1.2	1.1	1.2	1.1	1.0
3. 牧业	4.1	4.4	3.6	3.6	3.1
4. 渔业	0.9	0.9	0.9	0.9	1.0
（二）第二产业经营净收入	2.6	2.5	2.5	2.5	2.5
（三）第三产业经营净收入	10.1	9.7	9.5	9.4	10.4
三、财产净收入	2.4	2.4	2.5	2.5	2.5
四、转移净收入	20.6	21.4	20.8	20.9	21.0

注：自2013年起，国家统计局开展了城乡住户一体化调查，同时公布农村居民人均可支配收入。

农村居民人均消费支出及构成

指　　标	2014	2015	2016	2017	2018
消费支出（元/人）	8 382.6	9 222.6	10 129.8	10 954.5	12 124.3
（一）食品烟酒	2 814.0	3 048.0	3 266.1	3 415.4	3 645.5
（二）衣着	510.4	550.5	575.4	611.6	647.7
（三）居住	1 762.7	1 926.2	2 147.1	2 353.5	2 660.6
（四）生活用品及服务	506.5	545.6	595.7	634.0	720.5
（五）交通通信	1 012.6	1 163.1	1 359.9	1 509.1	1 690.0
（六）教育文化娱乐	859.5	969.3	1 070.3	1 171.3	1 301.6
（七）医疗保健	753.9	846.0	929.2	1 058.7	1 240.1
（八）其他用品及服务	163.0	174.0	186.0	200.9	218.3
消费支出构成（%）	100.0	100.0	100.0	100.0	100.0
（一）食品烟酒	33.6	33.0	32.2	31.2	30.1
（二）衣着	6.1	6.0	5.7	5.6	5.3
（三）居住	21.0	20.9	21.2	21.5	21.5
（四）生活用品及服务	6.0	5.9	5.9	5.8	5.9
（五）交通通信	12.1	12.6	13.4	13.8	13.9
（六）教育文化娱乐	10.3	10.5	10.6	10.7	10.7
（七）医疗保健	9.0	9.2	9.2	9.7	10.2
（八）其他用品及服务	1.9	1.9	1.8	1.8	1.8

农村居民人均消费支出及构成（续表）

指　　标	2019	2020	2021	2022	2023
消费支出（元/人）	13 327.7	13 713.4	15 915.6	16 632.1	18 175
（一）食品烟酒	3 998.2	4 479.4	5 200.2	5 485.4	5 880
（二）衣着	713.3	712.8	859.5	864.0	921
（三）居住	2 871.3	2 962.4	3 314.7	3 502.5	3 694
（四）生活用品及服务	763.9	767.5	900.5	933.8	992
（五）交通通信	1 836.8	1 840.6	2 131.8	2 230.3	2 480
（六）教育文化娱乐	1 481.8	1 308.7	1 645.5	1 683.1	1 951
（七）医疗保健	1 420.8	1 417.5	1 579.6	1 632.5	1 916
（八）其他用品及服务	241.5	224.4	283.8	300.5	341
消费支出构成（%）	100.0	100.0	100.0	100.0	100.0
（一）食品烟酒	30.0	32.7	32.7	33.0	32.4
（二）衣着	5.4	5.2	5.4	5.2	5.1
（三）居住	21.5	21.6	20.8	21.1	20.3
（四）生活用品及服务	5.7	5.6	5.7	5.6	5.5
（五）交通通信	13.8	13.4	13.4	13.4	13.6
（六）教育文化娱乐	11.1	9.5	10.3	10.1	10.7
（七）医疗保健	10.7	10.3	9.9	9.8	10.5
（八）其他用品及服务	1.8	1.6	1.8	1.8	1.9

居民消费价格指数

上年=100

年份	居民消费价格指数		
	总指数	城市	农村
1994	124.1	125.0	123.4
1995	117.1	116.8	117.5
1996	108.3	108.8	107.9
1997	102.8	103.1	102.5
1998	99.2	99.4	99.0
1999	98.6	98.7	98.5
2000	100.4	100.8	99.9
2001	100.7	100.7	100.8
2002	99.2	99.0	99.6
2003	101.2	100.9	101.6
2004	103.9	103.3	104.8
2005	101.8	101.6	102.2
2006	101.5	101.5	101.5
2007	104.8	104.5	105.4
2008	105.9	105.6	106.5
2009	99.3	99.1	99.7
2010	103.3	103.2	103.6
2011	105.4	105.3	105.8
2012	102.6	102.7	102.5
2013	102.6	102.6	102.8
2014	102.0	102.1	101.8
2015	101.4	101.5	101.3
2016	102.0	102.1	101.9
2017	101.6	101.7	101.3
2018	102.1	102.1	102.1
2019	102.9	102.8	103.2
2020	102.5	102.3	103.0
2021	100.9	101.0	100.7
2022	102.0	102.0	102.0
2023	100.2	100.3	100.1

居民消费价格分类指数

上年＝100

年份	总指数	食品	粮食#	食用油#	畜肉#	蛋#	水产品#	菜#
2001	100.7	100.0	99.3	91.7	101.6	106.0	97.1	100.9
2002	99.2	99.4	98.3	98.7	99.5	102.6	96.7	98.2
2003	101.2	103.4	102.3	112.6	103.3	98.6	100.3	117.7
2004	103.9	109.9	126.4	118.2	117.6	120.2	112.7	95.1
2005	101.8	102.9	101.4	94.3	102.5	104.6	105.9	109.1
2006	101.5	102.3	102.7	98.6	97.1	96.0	101.2	108.2
2007	104.8	112.3	106.3	126.7	131.7	121.8	105.1	107.9
2008	105.9	114.3	107.0	125.4	121.7	104.3	114.2	111.0
2009	99.3	100.7	105.6	81.7	91.3	101.6	102.5	113.6
2010	103.3	107.2	111.8	103.8	102.9	108.3	108.1	118.5
2011	105.4	111.8	112.2	113.4	122.6	114.2	112.1	101.1
2012	102.6	104.8	104.0	105.1	102.1	97.1	108.0	113.7
2013	102.6	104.7	104.6	100.3	104.3	104.9	104.2	108.0
2014	102.0	103.1	103.1	95.1	100.4	110.4	104.4	99.2
2015	101.4	102.3	102.0	96.8	105.0	93.0	101.8	106.8
2016	102.0	104.6	100.5	101.7	111.0	96.8	104.6	110.9
2017	101.6	98.6	101.5	99.8	95.0	96.0	104.4	92.7
2018	102.1	101.8	100.8	99.2	96.2	112.0	102.3	106.6
2019	102.9	109.2	100.5	101.3	129.1	105.1	100.9	103.9
2020	102.5	110.6	101.2	105.3	138.4	90.6	103.0	107.1
2021	100.9	98.6	101.1	106.9	82.8	110.8	109.4	105.6
2022	102.0	102.8	102.8	105.8	95.7	107.2	101.9	102.8
2023	100.2	99.7	101.0	100.7	92.7	100.3	100.0	97.4

城乡居民人均主要食品消费量情况

单位：斤/人

年份	粮食		食用植物油		猪肉		水产品	
	农村	城镇	农村	城镇	农村	城镇	农村	城镇
1985	515.0	269.6	5.2	11.6	20.6	34.4	3.2	14.2
1990	524.2	261.4	7.0	12.8	21.0	37.0	4.2	15.4
1991	511.2	255.8	5.8	13.8	22.4	37.8	4.4	16.0
1992	501.0	223.0	8.2	13.4	21.8	35.4	4.6	16.4
1993	503.6	195.6	8.2	14.2	21.8	34.8	5.6	16.0
1994	515.2	204.0	8.2	15.4	20.4	34.2	6.0	17.0
1995	512.2	194.0	8.6	14.2	21.2	34.4	6.8	18.4
1996	512.4	189.4	9.0	15.4	23.8	34.2	7.4	18.6
1997	501.4	177.2	9.4	15.4	23.0	30.6	7.6	18.6
1998	497.8	173.4	9.2	15.2	23.8	31.8	7.4	19.6
1999	495.0	169.8	9.2	15.6	25.4	33.8	7.6	20.6
2000	500.4	164.6	11.0	16.4	26.6	33.4	7.8	23.4
2001	477.2	159.4	11.0	16.2	26.8	32.0	8.2	24.6
2002	473.0	157.0	11.6	17.0	27.4	40.6	8.8	26.4
2003	444.8	156.8	10.6	17.0	27.6	40.8	9.4	26.8
2004	436.6	156.4	8.6	18.2	27.0	38.4	9.0	25.0
2005	417.8	154.0	9.8	18.6	31.2	40.4	9.8	25.2
2006	411.2	151.8	9.4	18.8	31.0	40.0	10.0	26.0
2007	399.0	157.4	10.2	19.2	26.8	36.4	10.8	28.4
2008	398.2	127.2	10.8	20.6	25.2	38.6	10.4	23.8
2009	378.6	162.6	10.8	19.4	28.0	41.0	10.6	24.4
2010	362.8	163.0	11.0	17.6	28.8	41.4	10.4	30.4
2011	341.4	161.4	13.2	18.6	28.8	41.2	10.8	29.2
2012	328.6	157.6	13.8	18.2	28.8	42.4	10.8	30.4
2013	357.0	242.6	18.6	21.0	38.2	40.8	13.2	28.0
2014	335.2	234.4	18.0	21.2	38.4	41.6	13.6	28.8
2015	319.0	225.2	18.4	21.4	39.0	41.4	14.4	29.4
2016	314.4	223.8	18.6	21.2	37.4	40.8	15.0	29.6
2017	309.2	219.4	18.4	20.6	39.0	41.2	14.8	29.6
2018	297.0	220.0	18.0	17.8	46.0	45.4	15.6	28.6
2019	309.6	221.2	18.0	17.4	40.5	40.6	19.2	33.4
2020	336.7	240.4	20.4	19.0	34.2	38.1	20.6	33.3
2021	341.6	249.6	21.6	19.2	50.8	50.2	21.8	33.4
2022	329.1	232.4	20.0	18.0	56.3	52.1	21.4	32.4
2023	319.7	231.2	20.4	17.8	65.8	57.4	24.4	34.8

注：2012年及以前城镇居民粮食消费量为加工粮，2013年起为原粮消费量。

城乡每百户居民家庭年底主要耐用消费品拥有量

年份	汽车(辆)		摩托车(辆)		移动电话(部)		照相机(台)		计算机(台)	
	农村	城镇	农村	城镇	农村	城镇	农村	城镇	农村	城镇
1990			0.9	1.9			0.7	19.2		
1995			4.9	6.3			1.4	30.6		
2000		0.5	21.9	18.8	4.3	19.5	3.1	38.4	0.5	9.7
2001			24.7	20.4	8.1	34.0	3.2	39.8	0.7	13.3
2002			28.1	22.2	13.7	62.9	3.3	44.1	1.1	20.6
2003			31.8	24.0	23.7	90.1	3.4	45.4	1.4	27.8
2004			36.2	24.8	34.7	111.4	3.7	47.0	1.9	33.1
2005		3.4	40.7	25.0	50.2	137.0	4.0	46.9	2.1	41.5
2006			44.6	25.3	62.1	152.9	4.2	48.0	2.7	47.2
2007		6.1	48.5	24.8	77.8	165.2	4.3	45.1	3.7	53.8
2008		8.8	52.5	21.4	96.1	172.0	4.4	39.1	5.4	59.3
2009		10.9	56.6	22.4	115.2	181.0	4.8	41.7	7.5	65.7
2010		13.1	59.0	22.5	136.5	188.9	5.2	43.7	10.4	71.2
2011		18.6	60.9	20.1	179.7	205.3	4.5	44.5	18.0	81.9
2012		21.5	62.2	20.3	197.8	212.6	5.2	46.4	21.4	87.0
2013		22.3	61.1	20.8	199.5	206.1	4.4	34.0	20.0	71.5
2014	11.0	25.7	67.6	24.5	215.0	216.6	4.5	35.2	23.5	76.2
2015	13.3	30.0	67.5	22.7	226.1	223.8	4.1	33.0	25.7	78.5
2016	17.4	35.5	65.1	20.9	240.7	231.4	3.4	28.5	27.9	80.0
2017	19.3	37.5	64.1	20.8	241.6	235.4	3.9	29.1	29.2	80.8
2018	22.3	41.0	57.4	19.5	257.0	243.1	2.5	20.2	26.9	73.1
2019	24.7	43.2	55.1	18.7	261.2	247.4	2.3	19.5	27.5	72.2
2020	26.4	44.9	53.6	18.2	260.9	248.7	2.2	19.3	28.3	72.9
2021	30.2	50.1	49.9	18.2	266.6	253.6	1.7	12.7	24.6	63.2
2022	32.4	51.4	49.0	17.9	266.9	254.0	1.7	12.9	25.0	63.4
2023	40.0	55.9	41.4	13.7	271.2	239.5			23.1	58.2